ସବ୍ୟସାଚୀର ଶବ୍ଦ

ସବ୍ୟସାଚୀର ଶଙ୍ଖ

ଅତନୁ ସବ୍ୟସାଚୀ

ବ୍ଲାକ୍ ଈଗଲ୍ ବୁକ୍ସ
ଭୁବନେଶ୍ୱର, ଓଡ଼ିଶା

BLACK EAGLE BOOKS
Dublin, USA

ସବ୍ୟସାଚୀର ଶବ୍ଦ / ଅତନୁ ସବ୍ୟସାଚୀ

ବ୍ଲାକ୍ ଈଗଲ୍ ବୁକ୍ସ : ଭୁବନେଶ୍ୱର, ଓଡ଼ିଶା ● ଡବ୍‌ଲିନ୍, ଯୁକ୍ତରାଷ୍ଟ୍ର ଆମେରିକା

BLACK EAGLE BOOKS

USA address:
7464 Wisdom Lane
Dublin, OH 43016

India address:
E/312, Trident Galaxy, Kalinga Nagar,
Bhubaneswar-751003, Odisha, India

E-mail: info@blackeaglebooks.org
Website: www.blackeaglebooks.org

First International Edition Published by
BLACK EAGLE BOOKS, 2023

SABYASACHIRA SABDA
by **Atanu Sabyasachi**

Copyright © **Atanu Sabyasachi**

All rights reserved. No part of this publication may be reproduced, stored in a retrieval system, or transmitted, in any form or by any means, electronic, mechanical, photocopying, recording or otherwise without the prior permission of the publisher.

Cover and illustration: **Tanuj Mallik**
Interior Design: Ezy's Publication

ISBN- 978-1-64560-517-1 (Paperback)

Printed in the United States of America

ମୋତେ କବିତା ଲେଖେଇ ନେଇଥିବା
ସେଇ ବିଶେଷ ମୁହୂର୍ତ୍ତମାନଙ୍କୁ

- ଅତନୁ

ଆମୁଖ

ମୁଁ କବି ନୁହେଁ। କିନ୍ତୁ ସମୟେ ସମୟେ ଆବେଗରେ ଜଡ଼ସଡ଼ ଶବ୍ଦର ବନ୍ଧନୀରୁ ମୁଁ ମୁକୁଳି ପାରେନି। କେତେଥର ସେହି ବନ୍ଧନର ରେଶମ ଡୋରି ଛିଣ୍ଡିଛି କିନ୍ତୁ ମୁଁ ଜାଣିଶୁଣି ସେଇ ଛିଣ୍ଡା ଡୋରିରେ ନିଜ ଦେହ-ମନ-ଆତ୍ମାକୁ ଛନ୍ଦି ପଡ଼ିରହିଛି। ସ୍ନେହବୋଳା ଆକଟ, ନରମ ଚାହାଣି, ଉଛୁଳା ଆବେଗ ଆଉ ଅକପଟ ଶବ୍ଦର ଫାଶରେ ବାରମ୍ବାର ଛନ୍ଦିହେବା ଆଉ ପ୍ରତାରିତ ହୋଇ ଅନ୍ତିମ ବିନ୍ଦୁରୁ ଫେରିବାରେ ମୁଁ ଅଭ୍ୟସ୍ତ। ମୁଁ କବି କି ନୁହେଁ ଜାଣିନି କିନ୍ତୁ ମନରେ, ଭାବରେ ଆଉ ଆତ୍ମାରେ ମୁଁ ନିଶ୍ଚୟ କବି। ହୁଏତ କବିର ନିଧାର୍ଯ୍ୟ ଅବଧାରଣାକୁ ଆଶ୍ରୟ କରି ମୁଁ କବିତା ଲେଖିନି, ହୁଏତ ଶବ୍ଦଙ୍କୁ ଛନ୍ଦୋବଦ୍ଧ କରିବାକୁ ଯାଇ ମୋ ଆବେଗରୁ ବାହାରିଯାଇ ଶବ୍ଦବସାଣକୁ ଗୁରୁତ୍ୱ ଦେଇନି; ମାତ୍ର ଆବେଗରେ ଉଛୁଳିଛି, ସହାନୁଭୂତିକୁ ନେଇ ବତୁରିଛି, ପୃଥିବୀର ଜଡ଼, ଜୀବନ, ମାଟି, ଗଛ, ଆକାଶ, ତାରା, ଜହ୍ନ, ବର୍ଷା, ଋତୁ, ଫୁଲ, ସଂଜ ଆଉ ସକାଳର ପ୍ରେମରେ ମୁଁ ମଧ୍ୟ ଉଚ୍ଛ୍ୱସିତ ହୋଇଛି। ସେଇସବୁକୁ ନେଇ ମୋ ଜୀବନର ପରିଧି ଅହରହ ମୁଖରିତ। ସେଇସବୁରେ ମୁଁ ଯନ୍ତ୍ରଣା, ଲୁହ, ବିକଳ ଅସହାୟତା, ହାରିଯିବାପଣ, ସ୍ଥିତି ହରେଇବା ଭୟକୁ ଅନୁଭବ କରିଛି ପୁଣି ତା'ରି ଭିତରୁ ଭିନ୍ନ ଭିନ୍ନ ପ୍ରେମର ଉଚ୍ଚାଟ, କରୁଣାର ଆଶ୍ରୟ, ଦୟାର ସାହାରା, ତ୍ୟାଗ-ତିତିକ୍ଷା ଓ ସନ୍ନ୍ୟାସର ପରିଭାଷାକୁ ହୃଦ୍‌ବୋଧ କରିଛି। ତେବେ ମୋ ବୋଉର ପୁସ୍ତକ 'ସାୟାହ୍ନର ସ୍ମୃତି' ପ୍ରକାଶ ପାଇବା ପରେ ଏବଂ କିଛି ପୂର୍ବରୁ ମୋର ଏହି କବିତା ଲେଖିଛି। ଜଣେ କବି ଭାବରେ ନୁହେଁ; ବରଂ ଜଣେ ଭାବପ୍ରବଣ ମଣିଷର ହୃଦୟର କଥା ଭାବି ପାଠକ ପଢ଼ିଲେ ମୁଁ ଖୁବ୍ ଖୁସି ହେବି।

ମୋତେ ଯିଏ ପଢ଼ିବେ, ସିଏ ଜଣେ ରାଜନେତାଙ୍କୁ ପଢୁଛନ୍ତି ଭାବି ପଢ଼ିବେ ନାହିଁ; ବରଂ ଗୋଟେ ନିରୀହ-ଅନାବିଳ ମଣିଷର ଆବୁରୁଜାବୁରୁ ଆବେଗିକ ଶବ୍ଦବିନ୍ୟାସକୁ ପଢ଼ିବେ। ଭାବିନେବେ ଯେ, କିଛି ମଧୁର-ତିକ୍ତ ଅବସ୍ଥାନ୍ତର ପରେ କୌଣସି ଏକ ଆହ୍ୱାନର ବଶବର୍ତ୍ତୀ ହୋଇ ମୁଁ ଏସବୁ ଲେଖିଥିବି। ମୁଁ ଜାଣେ, ମୁଁ କବି ନୁହେଁ, ତଥାପି ମୁଁ ଆତ୍ମାର କୋମଳ ଆହ୍ୱାନକୁ ଏଡ଼ି ଦେଇପାରି ନାହିଁ। ଅନେକ ଓଜନିଆ ଘଟଣାକୁ ଛାତି ଭିତରେ ଲୁଚେଇ ରଖି ଅନ୍ତର୍ବ୍ୟଥା ଭୋଗିଛି। ଦୁଃଖ, ଅନୁଶୋଚନା, ଅପମାନ, ଅଭିମାନ, ଅସ୍ତିତ୍ୱର ପ୍ରତିଷ୍ଠା ପାଇଁ ଚେଷ୍ଟା ତ ପ୍ରତି ମଣିଷର ସ୍ୱଭାବରେ ଥାଏ; ମାତ୍ର ସେସବୁକୁ ଧାରଣ କରିବା ମାନେ ହିଁ ମଣିଷକୁ ଦୁଃଖ ଭୋଗିବାକୁ ହୁଏ। ଦୁଃଖକୁ ରୁଦ୍ଧ କରି ରଖିଲେ ଆତ୍ମା କାନ୍ଦେ, ଅପମାନ ସହିଲେ ହୃଦୟ ବିଦୀର୍ଣ୍ଣ ହୁଏ, ପୁଣି ଅସ୍ତିତ୍ୱର ପ୍ରତିଷ୍ଠା ପାଇଁ ପ୍ରୟାସ କଲେ ମଣିଷ ଅନ୍ୟମାନଙ୍କ ଦ୍ୱାରା ଓ ଅନେକ ପରିସ୍ଥିତି - ଘଟଣାଦ୍ୱାରା ଲହୁଲୁହାଣ ହୁଏ। ଆଜି ଯେତେବେଳେ ମୁଁ ଏକ ନିର୍ଦ୍ଦିଷ୍ଟ ପରିଚିତି ଲାଭ କରିପାରିଥିବା ଦେଖୁଛି ସେତେବେଳେ ମଧ୍ୟ ମୁଁ ଶୂନ୍ୟତା ଅନୁଭବ କରୁଛି।

ମୋ ଜୀବନରେ ମୋ ଘନିଷ୍ଠ ବନ୍ଧୁର ଚତୁର ପ୍ରତାରଣା ଓ ମୋ ବୋଉର ଦେହତ୍ୟାଗର ନିଷ୍ଠୁର ଯନ୍ତ୍ରଣା ମୋ ଭିତର ମଣିଷକୁ ବିଚଳିତ କରିଦେଇଥିଲା। ଓଜନିଆ ଘଟଣା ଭିତରୁ ଗୋଟିଏ ଥିଲା ନବମ ଶ୍ରେଣୀରେ ମୋ ପ୍ରଥମ କବିତାର ଛାପାରୂପ ଦେଖିବାର ନିଶା ଓ ପରବର୍ତ୍ତୀ ନିରାଶାର କଥା। ମୋର ଜଣେ ସାଙ୍ଗକୁ ମୋ ପ୍ରଥମ କବିତା ଦେଖେଇବା ପରେ, ସେ ତାକୁ ଛପେଇ ଦେବ କହି ନେଇଥିଲା। ବାପା-ବୋଉଙ୍କୁ ମୋ ପ୍ରକାଶିତ କବିତା ଦେଖେଇ ପ୍ରଶଂସା ପାଇବା ଲୋଭରେ ନିର୍ଦ୍ଦିଷ୍ଟ ପତ୍ରିକାରେ କବିତା ବାହାରିବା ପର୍ଯ୍ୟନ୍ତ ନିରବ ରହିବାକୁ ମୁଁ ମନସ୍ଥ କରିଥିଲି। କବିତା ପ୍ରକାଶିତ ହୋଇଥିଲା କିନ୍ତୁ ମୋ ନାମରେ ନୁହେଁ, ମୋର ସେଇ ପ୍ରିୟ ସାଙ୍ଗ ନାମରେ! ଆଜିର ଏଇ ମୁହୂର୍ତ୍ତରେ ସେ ଘଟଣାକୁ ଭାବି ମୋତେ ସିନା ହସ ଲାଗୁଛି ମାତ୍ର ସେଦିନର ସେ ଘଟଣାକୁ ଗ୍ରହଣ କରିବା ମୋ ପାଇଁ ସହଜ ନ ଥିଲା। ମୁଁ ଭାଙ୍ଗିପଡ଼ିଥିଲି ଓ ଖୁବ୍ ଅସହାୟ ମନେ କରିଥିଲି। ବୋଉ ଚାଲିଯିବା ପରେ ବହୁଦିନ ପର୍ଯ୍ୟନ୍ତ ମୁଁ ପ୍ରକୃତିସ୍ଥ ହୋଇପାରି ନ ଥିଲି। ମୋର ଅଳି-ଅଝଟ, ଅଭିମାନ-ଅଭିଯୋଗ, ଇଚ୍ଛା-ଅନିଚ୍ଛାର ସେ ଏକମାତ୍ର ସାକ୍ଷୀ ଥିଲା। ସବୁବେଳେ ସେ ମୋତେ ଲେଖିବାକୁ ପଢ଼ିବାକୁ ଉପଦେଶ ଦେଇଛି। ମୋର ଏ କବିତାସବୁ ତା'ରି ଏଇ ଅବାଧ ପୁଅକୁ ବାଧ୍ୟ କରି ଲେଖେଇ ନେବାର

ଉପଜ ମାତ୍ର । ବିଶେଷ କରି ବୋଉର 'ସାୟାହ୍ନର ସ୍ମୃତି' ପ୍ରକାଶନ ପରବର୍ତ୍ତୀ ମୁଁ ବହୁ କବିତା ଲେଖିଥିଲି । ସେସବୁ କବିତା କି ନାହିଁ ଅବଶ୍ୟ ପାଠକ କହିପାରିବେ ।

ବୋଉର 'ସାୟାହ୍ନର ସ୍ମୃତି' ଆମ ପରିବାର ପାଇଁ ଅଙ୍ଗେନିଭା ଏକ ଏଲିଜି । ବହୁ ଘାତ-ପ୍ରତିଘାତ, ଯନ୍ତ୍ରଣା, ପ୍ରେମ, ଆନ୍ତରିକତାର ଏକ ସିମ୍ଫୋନୀ । ବିଶେଷ ଭାବରେ ମୋ ବୋଉ ଚାଲିଗଲା ପରେ ମୋ ଭିତରେ ଆବେଗିକ ରକ୍ତକ୍ଷରଣ (Emotional Bleeding) ହେଇଛି କହିଲେ ଭୁଲ୍ ହେବନି । ମୁଁ ଭିତରେ ଭିତରେ ଭାଙ୍ଗିପଡ଼ିଛି, ପୁଣି ଅଦୃଶ୍ୟରେ ତା' କଣ୍ଠସ୍ୱର ଓ ନିର୍ଦ୍ଦେଶରେ ମୁଁ ଦୃଢ଼ ମନୋବଳ ନେଇ ଉଠିଛି । ସେ ଲେଖୁଥିଲାବେଳେ ଯେବେ ମୁଁ ତା' ପାଖକୁ ଯାଇଛି, ସେ ମୋତେ କିଛି ଲେଖିବାକୁ ପ୍ରୋତ୍ସାହିତ କରିଛି । ତା' କଥା ମାନି ମୁଁ ଭାବପ୍ରବଣ ହୋଇ କେତେ କ'ଣ ଲେଖିଥିଲି ବି, ମାତ୍ର ପରେ ସେଥିରୁ କିଛି କବିତା ଚିରିଦେଇଥିଲି । ତେବେ ସେ ଗଲା ପରେ ତା' ଅଦୃଶ୍ୟ ଉପସ୍ଥିତି ମୋତେ ଲେଖିବାକୁ ପ୍ରେରଣା ଦେଇଥିବା ପରି ମୋର ମନେହୁଏ । ମୁଁ ସ୍ୱତଃସ୍ଫୂର୍ତ୍ତ ଭାବରେ କେତେ କ'ଣ ଲେଖିଚାଲିଲି ଓ ଲେଖୁଛି । ମୋ ବୋଉ ଯେଉଁଠି ଥାଇ ମୋତେ ଲେଖିବାକୁ ଶକ୍ତି ଦେଇଛି, ସେ ଆହୁରି ମୋ ଲେଖକୀୟତାକୁ ତ୍ୱରାନ୍ୱିତ କରୁ ।

ବୃତ୍ତି-ରାଜନୀତି, ପ୍ରବୃତ୍ତି-ସାହିତ୍ୟ ଅଭିରୁଚି । ଗୋଟେ ପଟେ କର୍ମର କଠୋର ଅନୁଶାସନ, ଅନ୍ୟପଟେ ଛାତି ଭିତରର ଅକୁହା ସ୍ପନ୍ଦନ । ବୁଝିପାରୁଥିବେ ଗୋଟିଏ ଦେହ-ମନଧାରୀ ମଣିଷଟେ କେତେ ଛଟପଟ ହୁଏ । ଆତ୍ମମୁକ୍ତି ପ୍ରତିଟି ମଣିଷର ଚିରନ୍ତନ ଉଦ୍ଦେଶ୍ୟ ହେଲେ ମଧ୍ୟ ନିଜ କର୍ତ୍ତବ୍ୟ ଓ ଦାୟିତ୍ୱର ଆହ୍ୱାନରେ ଆତ୍ମମୁକ୍ତିର ମାର୍ଗ ସମୟେ ସମୟେ ରୁଦ୍ଧ ହୋଇଯାଏ ନାହିଁ କି ? ସାଧାରଣ ମଣିଷର ସବୁତକ ପ୍ରବୃତ୍ତି, ଜଗତର ପ୍ରତ୍ୟେକ ଜୀବନ ପାଇଁ ଛାତିର ପ୍ରେମ, କରୁଣା, ଦୟା ସହ ନିଜକୁ ନିଃଶେଷ କରି ସନ୍ତାପିତ ଜଗତକୁ ଶାନ୍ତ, ବ୍ୟବସ୍ଥିତ ଓ ସୁନ୍ଦର କରିବାର ଇଚ୍ଛା ମୋ ଭିତରେ । ସବୁବେଳେ ଭାବେ ମଣିଷଟେ ଏହି ଧରାତଳୁ ବିଦାୟ ନେଲା ପରେ ତା'ର ଅବଶିଷ୍ଟ ସାରାଂଶ ଭାବେ କ'ଣ ରହେ ! ପ୍ରଖର ସ୍ରୋତସ୍ୱିନୀଟେ ଶୁଷ୍କ ହୋଇଗଲେ ତା' ଧାରର ଅବଶେଷରେ କିଛି ଗୋଡ଼ି, ପଥର, ଗେଣ୍ଡା ଓ ଶାମୁକାର ଖୋଳପା ସବୁ ବିପର୍ଯ୍ୟସ୍ତ ହୋଇ ପଡ଼ିଥିବା ଆମେ ଦେଖିଥାଉ । ମଣିଷ ଜୀବନ ମଧ୍ୟ ସେଇଆ । ସେ ଚାଲିଗଲା ପରେ ଏବଂ ସଂସାରରୁ ତା' ପାଦଚିହ୍ନ ଲିଭିଗଲା ପରେ ଯଦି କିଛି ରହିଥାଏ, ତାହା ହୁଏତ ହୃଦୟକୁ ସ୍ପର୍ଶ କରିଥିବା, ମଳୟର ସ୍ମୃତି, ତା' ମିଠା ଶବ୍ଦର ମର୍ମର, ମହତ୍ ଦାନର ସ୍ମାରକୀ,

ପ୍ରେମର କିଛି ଓଜନିଆ ଦୀର୍ଘଶ୍ୱାସ, ଅବା ପୁନର୍ଜନ୍ମ ପାଇଁ ସୁଦୀର୍ଘ ଅପେକ୍ଷାର କାହାଣୀ ଅବା ପ୍ରତିମୁହୂର୍ତ୍ତରେ ନଥିବା ମଣିଷକୁ ବିକଳ ହୋଇ ଖୋଜୁଥିବା ମଣିଷଙ୍କ ଉଦାସ ଆଖିର କରୁଣ ଦୃଷ୍ଟି। ଯଦି ସମୟ ସବୁ କ୍ଷତକୁ ଭରିଦିଏ ଏବଂ ସବୁ ଅନୁଭବକୁ ପୋଛିଦିଏ ତେବେ ମୋ ସମୟର ଅନୁଭବ, ମୋ ଛାତିର ଆବୁରୁଜାବୁରୁ କ୍ରିୟାକଳାପ, ମୋ ଏକଲାପଣ ଆଉ ସଂସାର ପାଇଁ ମୋ ଅସୀମ ଆତୁର ପ୍ରୀତିର ସାକ୍ଷୀ କିଏ ? ତେଣୁ ମୋ ଶବ୍ଦଙ୍କୁ ସମୟର ଏଇ ରାତି-ଦିନର ଚକ୍ରରେ ମିଳେଇ ଯିବାକୁ ଦେବିନି ବୋଲି ଏ 'ସବ୍ୟସାଚୀର ଶବ୍ଦ'ଙ୍କୁ ଲିପିବଦ୍ଧ କରି ଆପଣମାନଙ୍କ ଆଗରେ ରଖିଯିବାକୁ ଚାହିଁଲି। ଆଶା କରୁଛି ଆଜି, କାଲି କିମ୍ବା ପରବର୍ତ୍ତୀ କୌଣସି ଦିନରେ କେବେ ଆପଣମାନେ ଏ କବିତାକୁ ପଢ଼ିବେ ଏବଂ ବୁଝିପାରିବେ।

ଡିସେମ୍ବର ୩୧, ୨୦୨୩

- ଅତନୁ

ବିନ୍ୟାସକ୍ରମ

ବୋଉ (୧)	୧୫
ବୋଉ (୨)	୧୬
ରାଜଧର୍ମ	୧୮
ମୋ ବାପା	୨୧
ମୋ ଜୀବନ ପଛେ	୨୩
ସାରନାଥ ଓ ବୁଦ୍ଧ	୨୭
ମହାବାତ୍ୟା ପରେ	୩୧
ଚିତ୍ରୋତ୍ପଳା ପାଇଁ (୧)	୩୩
ଚିତ୍ରୋତ୍ପଳା ପାଇଁ (୨)	୩୪
ଚିତ୍ରୋତ୍ପଳା ପାଇଁ (୩)	୩୬
ଚିତ୍ରୋତ୍ପଳା ପାଇଁ (୪)	୩୮
ଗାନ୍ଧୀ ନାମେ କେହି ଥିଲା	୪୩
କପିଳାସ ସ୍ମୃତି	୪୫
ମୁଁ ନିହାତି ଦୁର୍ବଳ	୪୭
ମୁଁ ପାଷାଣ ନୁହେଁ	୪୮
ରାମକୃଷ୍ଣ ପରମହଂସ	୪୯
ଗୁରୁକୃପା	୫୦
ଅସ୍ଥି ପାଇଁ ପଦେ	୫୧
ମୋକ୍ଷ ଲୋଡ଼ାନାହିଁ	୫୩
ସ୍ମୃତି ଲିଭେନି	୫୫
ଏ ଜାତିର ଶହୀଦଗଣ	୫୬
ସାରଳା ଦାସ	୫୮

ବେଲୁନ୍ ବିକୁଥିବା ଝିଅ	୬୦
ତମେ	୬୧
ଚାଷୀଭାଇ ମୋର	୬୩
ମୋ ଓଡ଼ିଶା	୬୪
କଥା ଦିଅ ମନୁପୁତ୍ରଗଣ	୬୫
ଏ ଜାତି ଖୋଜୁଛି ଗୋପବନ୍ଧୁଙ୍କୁ	୬୬
ଅଭିମାନୀଟେ ମୁଁ	୬୮
ପ୍ରାରବ୍ଧର ଭୋଗ	୬୯
ଇହଲୋକ – ପରଲୋକ	୭୦
ଗୋମାତା	୭୧
ଜୀବେ ଦୟା	୭୨
ଗଣତନ୍ତ୍ର	୭୩
ରାଜତନ୍ତ୍ର	୭୪
ଅଦୃଶ୍ୟ ଇଙ୍ଗିତ	୭୫
ସମୁଦ୍ରେ ପ୍ରେମ ମୋର	୭୬
ସବ୍ୟସାଚୀର ଶର	୭୮
ଅକବିର କବିତା	୮୦
ଜଡ଼ଭରତ	୮୧
ସର୍ବେ ଭବନ୍ତୁ ସୁଖୀନଃ	୮୨
ହେ ବିଜୁବାବୁ	୮୫
ଅନୁଭବର ଅବସୋସ	୮୬
କଲାମ୍ କେବଳ ଥରେ ଆସନ୍ତି !	୮୭
ସତ୍ୟନଗର	୮୮

ବୋଉ (୧)

ତୋ ପାଇଁ କ'ଣ ଲେଖିବି କହିଲୁ,
ତତେ ଭାବିବା ମାତ୍ରକେ
ଆଖି କୋଣୁ ଲୁହଧାର ଛୁଟେ
ତୋ ଅବର୍ତ୍ତମାନରେ
ମୁଁ କାନ୍ଦିଉଠେ
ଦୁନିଆର ଭିଡ଼ ଠେଲି
ଏକା ଏକା ରାସ୍ତା ଅତିକ୍ରମେ,
ମନେ ମନେ ତୋ ପାଖରେ
କଥା ଦିଏ
କୌଣସି ସ୍ଥିତିରେ
ଦୁଃସ୍ଥ ମଣିଷର ସେବା ଭୁଲିବିନି
ଦୁର୍ନୀତିର ଚେର ଯେତେ
ଲମ୍ବିଥାଉ ପଛେ
ଅନ୍ୟାୟ ଓ ଅନୀତିର ପାଖ ମାଡ଼ିବିନି !
ବୋଉ !
ତୋ ହାତଗଢ଼ା ଏ ମଣିଷ
ରାତିଦିନ ରଟାମଡ଼ା
ତୋ ସଂସ୍କାରରୁ କେବେ ହେଲେ
ବିଚ୍ୟୁତ ହେବନି !

■

ବୋଉ (୨)

ତୋ' ଯିବାର ବରଷକ ପରେ
ଠିକ୍ ଆଜିର ଦିନରେ
ଆଖି ମୋର ଖୋଜିବୁଲେ ତତେ
ଗୁମୁରି ବାହୁନୁଛି ମୁଁ
ଡାଙ୍କିବୁକି ମତେ ତୋର
ସ୍ନେହର ପଣତେ !
ତୋ' ହାତରେ ଗଢ଼ା ମୋ ଜୀବନ
ମଣିଷ ପରି ମଣିଷ
ହେବାକୁ ତୁ କହୁ ବାର ବାର
ଗୁରୁବାକ୍ୟେ ଦୀକ୍ଷିତ ତୁ
କରିଅଛୁ ମତେ
ଗୁରୁପଦ ଅନୁସରୀ ଚାଲୁଅଛି ମୁଁ ଯେ
ବୁଝାଇଛୁ କେତେ ସତେ -
ନଶ୍ୱର ଦେହର....
ଠାକୁରଙ୍କ ପରକଞ୍ଚ ତତ୍ତ୍ୱ ପରିଭାଷା ।
ତୋ' ଲିଖିତ 'ସାୟାହ୍ନ ସ୍ମୃତି'ରେ
ସାଇତା ତୋ' ସ୍ୱର-ରୂପ
ଅଛି ପୁଣି ମୋ ଉପରେ
ସତେ କେତେ ତୋଓର ଭରସା
ଚାହୁଁ ଚାହୁଁ ଚାଲିଗଲା ବର୍ଷେ

ଆଜିର ଦିନରେ ତୁ ଯେ
ଯାଇଥିଲୁ ଅଫେରା ରାଇଜେ
ଅପେକ୍ଷା କରି ରହିଛି
କାଳେ ଅବା ଫେରିବୁ କି ପାଶେ ?
ଘରକୁ ତୁ ମଣୁଥିଲୁ
ମନ୍ଦିର ଓ କରୁଥିଲୁ ସ୍ୱର୍ଗର କଳ୍ପନା
କେତେ ନୀତି ଏଇ ଘରେ ଆଙ୍କିଥିଲୁ
ସ୍ନେହ-ସ୍ୱପ୍ନ-ପ୍ରେମର ଅଳ୍ପନା !
ଯିବା ପରେ ତୋର ଆଜି
ସବୁ ଶୂନ୍ୟ ଖାଁ ଖାଁ ଘର
କାହିଁ ଆଉ ଶୁଭୁନାହିଁ ତୋ' ମଧୁର ସ୍ୱର
ଏ ଦିନରେ ଆଜୀବନ
ଝୁରୁଥିବି ମନେ ମନେ
ତତେ ବୋଉ ମୋର !

■

ରାଜଧର୍ମ

ସଞ୍ଜ ନଏଁ ଯେବେ
ଏବେ ସୁଦ୍ଧା
ମୋତେ ଦିଶେ ତୋର ଛାୟାମୂର୍ତ୍ତି
ଜାଳୁଥାଏ ଘୃତ ସଂଜଦୀପ
ଅସ୍ପଷ୍ଟରେ ଶୁଭୁଥାଏ ମୋତେ,
ଗୀତାର ନିଷ୍କାମ ଯୋଗ-ଗୁରୁଦେବ ମନ୍ତ୍ର
ଯାହା ଦିନେ ଅଙ୍ଗୁଳି ନିର୍ଦ୍ଦେଶ କରି
କହିଥିଲୁ ମତେ
ତୋ ଆଜ୍ଞା ମାନି ନିଏ
ପ୍ରତିଟି ମୁହୂର୍ତ୍ତେ।
ତୁ କହିଥିଲୁ -
"କୁରୁକ୍ଷେତ୍ର ଯୁଦ୍ଧ ଶେଷ
ବାକି ଥାଏ ଯେବେ
ରଥାରୂଢ଼ ଶ୍ରୀକୃଷ୍ଣ ସମ୍ମୁଖେ
ସବ୍ୟସାଚୀ ଆଣ୍ଠୁଭାଙ୍ଗି
ବସିଥିଲେ ଦୁଇ ହସ୍ତ ଯୋଡ଼ି
ଅସହାୟ ମନୋଦଶା ନେଇ
କହିଥିଲେ
ଆଉ ସେ ଯେ ଯୁଦ୍ଧ କରିବେନି

ସଂପର୍କୀୟ-ସ୍ୱଜନଙ୍କୁ
ହତ୍ୟା କରିବେନି।
ଅର୍ଜୁନଙ୍କୁ କର୍ମଯୋଗ ତତ୍ତ୍ୱଟି ବୁଝାଇ
ମହାଯୋଗୀ ଶ୍ରୀକୃଷ୍ଣ ଯେ
ଦେଇଥିଲେ କର୍ମର ଆହ୍ୱାନ।
ବିଶ୍ୱରୂପ ପ୍ରଦର୍ଶନ କରି
ପରୋକ୍ଷରେ କହିଥିଲେ-
"ଅଚରାଚର ଜଗତେ
ସେ ହିଁ ନିୟନ୍ତା
ନିମିତ୍ତ ମାତ୍ର ନିଜକୁ
ଭାବ ସବ୍ୟସାଚୀ !
ବିଶ୍ୱବ୍ରହ୍ମାଣ୍ଡ ଭୁବନେ
ସବୁର ସେ ସାକ୍ଷୀ !"
ବୋଉ ! ତୋ ଛାୟାମୂର୍ତ୍ତି
ଏବେ ବି ବୁଝାଏ ମୋତେ
କର୍ମବାଦ ମୋର ରାଜଧର୍ମ
ଜଗତ କଲ୍ୟାଣ ଆଉ
ସେବା ମୋର କର୍ମ
ଅଦୃଶ୍ୟରେ ତୋ ନିର୍ଦ୍ଦେଶ
ବୁଝିଛି ଓ ପାଳୁଛି ମୁଁ
ଗୀତା ସାରମର୍ମ।

ମୋ ବାପା

ବାପା !
ତମ ଆଖିର କୋଣେ
ମୋ ବ୍ୟତୀତ ମୁଁ ପଢ଼ିଚି
ଅଗଣିତ ମଣିଷଙ୍କ ପାଇଁ
ସଦୟ ଚାହାଣି
ସେମାନଙ୍କ ସତ-ମିଛ କାହାଣୀକୁ ଶୁଣି
କାତର ଓ କରୁଣାରେ
ଝରିଯିବା ତମକୁ ଦେଖିଛି -
ତମେ ସାଧାରଣ ମଣିଷ ଥିଲ କି ?
ଶିଶୁଠୁ ବୃଦ୍ଧଙ୍କ ପାଇଁ ତମେ ଥିଲ
ସତେଅବା ନିଧି
ଓଡ଼ିଶା-ପାଟକୁରାର ଅନ୍ୟତମ ଗାନ୍ଧୀ !
ହୁଏତ ମଣିଷ ପରି ଦିଶୁଥିଲ
ରାଗୁଥିଲ-ହସୁଥିଲ
ଜାତି ଆଉ ମାଟି ପାଇଁ
ଲଢୁଥିଲ - ଥକ୍କା ମାରୁଥିଲ
ତଥାପି ହାରୁ ନଥିଲ
ଆଖିରେ ଆଖିଏ ସ୍ୱପ୍ନ
ଛାତିରେ ଛାତିଏ ପ୍ରେମ ନେଇ
ଖାଲି ପାଟକୁରା ନୁହେଁ

ଓଡ଼ିଶାର ମାଟି-ଗୋଡ଼ି ପାଇଁ
ଜୀବ-ଜନ୍ତୁ-ମଣିଷଙ୍କ ପାଇଁ
ଶାନ୍ତି-ମୈତ୍ରୀ-ପ୍ରଗତିର
ଚିତ୍ର ଆଙ୍କୁଥିଲ।
ବାପା! ତମେ ଖାଲି ମୋ ବାପା ନୁହେଁ
ପାଟକୁରାରର ଯେତେସବୁ
ଅସହାୟ-ଅନାଥର
ପ୍ରିୟ ବାପା ଥିଲ!

ମୋ ଜୀବନ ପଛେ

ମୋତେ ଜିଅନ୍ତା ଜାଳିଦିଅ
ଅବା ଖଣ୍ଡ ଖଣ୍ଡ କରିଦିଅ
ସଲିଳ ସମାଧି ଦିଅ
ଅବା ଅନ୍ଧକୂପ ଭିତରକୁ
ଠେଲିଦିଅ -
ଏଥିରେ ବି ଶାନ୍ତି ନ ପାଇଲେ
ମୋ ଦେହର ଗଣ୍ଠିରେ ଗଣ୍ଠିରେ
ଯୀଶୁଙ୍କୁ ବାଧିଲା ପରି
କୃଶବିଦ୍ଧ କର ।

ହୁଏତ ମୁଁ ଛଟପଟ ହେବି
ତଥାପି ବି ତମ ପାଇଁ
ଈଶ୍ୱରଙ୍କୁ ପ୍ରାର୍ଥନା କରିବି !

ମୋ ଜୀବନ ପଛେ ନର୍କକୁ ଯାଉ
ଅଗଣିତ କାପୁରୁଷ -
ଭୀରୁ-ହିଂସ୍ରକଙ୍କୁ
ମୋ ଭଲପଣରେ କ୍ଷମା ଦେଉଥିବି -
ଯଦି ଲୋଡ଼ା ହୁଏ
ଦଧୀଚି ପରି ମୁଁ
ମୋ ଅସ୍ଥିର ଶେଷ ଖଣ୍ଡକୁ ବି
ମୁଁ ମୋର ଜାତିପାଇଁ ଦେବି !

ସାରନାଥ ଓ ବୁଦ୍ଧ

ଶାକ୍ୟବଂଶୀ ରାଜା ଶୁଦ୍ଧୋଦନ
ନେପାଳର କପିଳାବସ୍ତୁରେ
ସିଦ୍ଧାର୍ଥଙ୍କ ପିତା ରୂପେ ପରିଚିତ ଥିଲେ
ମାତା ଥିଲେ ମହାରାଣୀ ମାୟା
ସିଦ୍ଧାର୍ଥଙ୍କୁ ଜନ୍ମ ଦେଇ ତ୍ୟାଗ କଲେ
ଅକସ୍ମାତ ତାଙ୍କ ମର କାୟା !
ମହାମାୟାଙ୍କର ଭଗ୍ନୀ ଗୌତମୀଙ୍କ ହସ୍ତେ
ଶାକ୍ୟମୁନି ସିଦ୍ଧାର୍ଥ ଯେ
ହୋଇଲେ ପାଳିତ
ସେଥିପାଇଁ ସିଦ୍ଧାର୍ଥ ହିଁ
'ଗୌତମ'ଙ୍କ ନାମେ ହେଲେ ଖ୍ୟାତ ।
ସିଦ୍ଧାର୍ଥ - ଗୌତମ ଯିଏ
ସେହି ହେଲେ ବୁଦ୍ଧ
କରୁଣାର ବିଭୂତି ସେ
ଚେତନା ଆଲୋକ
ପ୍ରତିଷ୍ଠା ସେ କରିଥିଲେ
ବୌଦ୍ଧ ମହାସଂଘ ।
ବୋଧଗୟା ଠାରେ ବୁଦ୍ଧତ୍ୱ ପ୍ରାପ୍ତ ହେଲେ
ଚିରାୟତ ଆଲୋକର ସତ୍ୟକୁ ବାଣ୍ଟିଲେ
ଗଙ୍ଗା-ବରୁଣ ନଦୀର ପ୍ରବାହ ଯେଉଁଠି

ବାରାଣାସୀ ସାରନାଥ କ୍ଷେତ୍ରଟି ସେଇଠି।
ସେଇ ସାରନାଥଠାରେ ବୁଦ୍ଧ
ଜୀବନର ସତ୍ୟ ବଖାଣିଲେ
ବୌଦ୍ଧ ସଂଘର ପ୍ରଥମ ସୋପାନ ଥାପିଲେ।
ସାରନାଥ ଖାଲି ଏକ ସ୍ଥାନ ନୁହେଁ
ଅନ୍ୱେଷାର ମହାତୀର୍ଥ।

ବୁଦ୍ଧ ଯେବେ ବୈଶାଳୀର ନିଘଞ୍ଚ ଜଙ୍ଗଲେ
ପଞ୍ଚ ଶ୍ରମଣଙ୍କ ସାଥେ
ଯୋଗ ସାଧୁଥିଲେ
ବୃଦ୍ଧ ପିତା ଶୁଦ୍ଧୋଦନଙ୍କର
ଶାରୀରିକ ଅସୁସ୍ଥତା ଖବର ଆସିଲା
ତତ୍କ୍ଷଣାତ୍ ବୁଦ୍ଧଦେବ
କପିଳାବସ୍ତୁକୁ ଆସି ପିତାଙ୍କୁ ଦେଖିଲେ।
ରୁଗ୍ଣ ପିତା ଶୁଦ୍ଧୋଦନ
ଚିର ବିଦାୟର କ୍ଷଣମାନ ଗଣୁଥିଲେ।
ପିତାଙ୍କ ଉଦ୍ଦେଶ୍ୟେ ପୁତ୍ର ବୁଦ୍ଧ କହିଥିଲେ-
"ହେ ରାଜନ୍!
ଜୀବନର ଦୀର୍ଘପଥେ ତମେ
ସୁମହତ କର୍ମ ଆଚରିଚ
ନିରୀହ ହୃଦୟେ ତମ
କେବେହେଲେ
କାହାପ୍ରତି କ୍ରୋଧ ଅବା ଘୃଣା ଦେଖାଇନ
ସେ ହିଁ ତ ସୁଖୀ
ଯେ ବୁଝେ ନିଜ ମନ-ପ୍ରାଣର ଶୂଚୀତା
ଯେ ଦେଖେ ଅନ୍ୟ ଦେହେ ପରମ ଦିବ୍ୟତା!

ହେ ରାଜନ୍!
ମୃତ୍ୟୁକୁ ଜୟ କରି

ପ୍ରଶାନ୍ତିର ନିଳୟକୁ ଆସ
ଦିବସର ଅବସାନ ଭଳି
ତବ ଆତ୍ମାର ଅନୁଭବୁ ମୁକ୍ତିର ବଳୟ।
ଭଗବାନ ପୁଣି କହିଥିଲେ-
ମୋ ପିତାଙ୍କ ଶରୀରକୁ
ଉତ୍ତୋଳିତ କର ହେ ଶ୍ରମଣ
ଯାହା ସେ ଏକଦା ଥିଲେ
ଆଉ ସେ ନାହାନ୍ତି,
ଯେଉଁମାନେ ଜନ୍ମ ହୋଇଥାନ୍ତି, ପୃଥିବୀରେ ଦିନେ
ସେମାନେ ଦିନେ ମୃତ୍ୟୁଲୋକେ,
ନିଶ୍ଚୟ ଯାଆନ୍ତି।"

ହେ ବୁଦ୍ଧ!
କି ପ୍ରକାର ଅନୁଭବ ତୁମ
ଅଭିମାନ ସ୍ତର ଲଂଘି
ଅଜ୍ଞତା ଓ ମୃତ୍ୟୁର ଅନ୍ଧକାର
ଅତିକ୍ରମିବାର
କି ଅଦ୍ଭୁତ ସନ୍ଦେଶ ତମର!
ଜନ୍ମ, ବ୍ୟାଧି, ଜରା, ମୃତ୍ୟୁଭଳି
ସଂସାରର ଚକ୍ରାକାର ଗତି
ତା' ଭିତରେ ତୃଷ୍ଣା ପୁଣି କାମନାର ସ୍ଥିତି
ଛିନ୍ନ କରିବାର ମହତ ଉପାୟ
କୁହତ କେମିତି
ସଂସାର ଫାଶକୁ ନିଜ ହସ୍ତେ ଛିନ୍ନ କରି,
ଉର୍ଦ୍ଧ୍ୱଗାମୀ ଚେତନାର ପ୍ରବକ୍ତା ସାଜିଚ
ପିତା ଶୁଦ୍ଧୋଦନଙ୍କର ମରଶରୀରକୁ
ଅନାସକ୍ତେ ସ୍ୱଚକ୍ଷୁରେ
ମଉନରେ ନିରେଖି ଦେଖିଚ!

ଯୁଗେ ଯୁଗେ ବୁଦ୍ଧ ତୁମେ
ରହିଚ - ରହିବ
ଆଜିର ଏ ପିଢ଼ି ପାଇଁ
ଆଗାମୀର ପ୍ରତିକ୍ଷଣ ପାଇଁ
ଗୌତମ - ସିଦ୍ଧାର୍ଥଙ୍କର
ଦର୍ଶନର ଆଲୋକ ଜଳିବ।

ମହାବାତ୍ୟା ପରେ

ଏବେ ବି ହେଉଛି ମୋ ଆଖି ଛଳଛଳ
ସ୍ମୃତି ମୋ ସଜଳ
ଅନେଶତ ମହାବାତ୍ୟାର ସେ ତାଣ୍ଡବ
କରିଥିଲା ମୁହୂର୍ତ୍ତକେ ଧ୍ୱସ୍ତ-ବିଧ୍ୱସ୍ତ
ଦିଶୁଥିଲା କୁଢ଼ କୁଢ଼ ଶବ !
ଭୀତତ୍ରସ୍ତ ଜୀବନ !
ଚତୁର୍ଦ୍ଦିଗେ ବାହୁନା - ଚିତ୍କାର
ଶିଶୁର କାନ୍ଦଣା
ଗାଈ-ଗୋରୁ ରଡ଼ି
କିଏ ସବୁ ବାସହରା
ବଞ୍ଚିବାକୁ କାହା ଦାଣ୍ଡେ
ଆଉ କାହା ଛାତିତଳେ
ଖୋଜୁଥାନ୍ତି ଆଶ୍ରୟର ବାଡ଼ି !
ମା' ଆଖି ଆଗେ
ପିଣ୍ଡ ଛାଡ଼ି ଯାଉଥାଏ
ତା' ଆଖିର ନୟନ ପିତୁଳି
ଅନ୍ଧର ଲଉଡ଼ି ।

ଭୋକ ଆଉ ଭୋକ
ଚତୁର୍ଦ୍ଦିଗେ ହାହାକାର
ଆଉ ପୁଣି ମଶାଣିଆ ଗନ୍ଧ
ସୁନାର ଏ ଭୂମିକୁ ଯେ
କିଏ ଦିଏ ନାରକୀୟ ଦଣ୍ଡ !
ଯୁଗ ଯୁଗ ଧରି ରଚେ ପ୍ରକୃତି ତାଣ୍ଡବ
ସବୁ ସତ୍ତ୍ୱେ ବଞ୍ଚିଚି ଏ ଜାତି ପୁଣି ବଞ୍ଚି ରହିଥିବ !

■

ଚିତ୍ରୋତ୍ପଳା ପାଇଁ (୧)

ଛୋଟ ସିନା ଗାଁଟି ମୋ 'ଅରିଲୋ'
କୁଳୁକୁଳୁ ଶବ୍ଦ କରି ତା ପାଖେ ବହିଥିବା 'ଚିତ୍ରୋତ୍ପଳା'
ମୋତେ କରେ ବିଭୋର
ଗଙ୍ଗାଠାରୁ ଶହେ ବର୍ଷ ବଡ଼ ବୋଲି ଶୁଣିଛି
ପ୍ରତି ବାଙ୍କେ ମୁଁ କେତେ ଦେବଦେବୀ ଦେଖିଛି
ନେମାଳର ଅଚ୍ୟୁତ, କୋରୁଆର ଗଦାଧର
ପିକରାଳିର କପିଳ ଆଉ କଳାବୁଦାର ବାରୁଣି
ଶାନ୍ତ, ସ୍ଥିର, ପବିତ୍ର ତା' ପାଣିରେ
କେତେ ଯେ ବୁଡ଼ିଛି ଆଉ ଖେଳିଛି ବାଲିରେ ।
ସବୁ ମନେପଡ଼େ ଆଜି ଇତିହାସ ହୋଇ
କୋରୁଆ ହାଇସ୍କୁଲ୍, ଆଉ ଚିତ୍ରୋତ୍ପଳା ସ୍କୁଲ
ତା' ସହିତ ମୋ ଅରିଲୋ ସ୍କୁଲର କଥା
ସବୁକିଛି ବିତିଛି ତା' ଆଶୀର୍ବାଦ ପାଇ ।
ମନେପଡ଼େ ମୋ ବୋଉର କଥା
କେତେ ଯେ ଯାଇଛି ତା' ସାଥେ ଚିତ୍ରୋତ୍ପଳା ନଦୀର କୂଳକୁ,
ମନେପଡ଼େ ସେଦିନର ପଦିଆ ସନ୍ଦେଶ ଦୋକାନ ଆଉ
'ବୀରମିସ୍ତ୍ରୀ'ର ଏକୁଟିଆ ଚାଳିଘର କଥା ।
ସବୁ ଚିହ୍ନ ଏଯାବତ୍ ପଡ଼ିଛି ସେ ସମୟ ପୃଷ୍ଠାରେ
କିନ୍ତୁ ପାଉନାହିଁ ମୋ ବୋଉର ପାଦଚିହ୍ନ
ଚିତ୍ରୋତ୍ପଳା ବାଲିଶେଯପରେ ।

■

ଚିତ୍ରୋତ୍ପଳା ପାଇଁ (୨)

ମୋ ତାରୁଣ୍ୟକୁ ତା' ନିର୍ଝର ପରଶ ଦେଇ
ନିବିଡ଼ ଆନ୍ତରିକତାର
ଛଳଛଳ ସ୍ପର୍ଶଦେଇ, ସେ ଭିଜେଇଚି
ଖରା-ବର୍ଷା, ଶୀତ-କାକରରେ
ଯେବେ ବି ମୁଁ ତା'ର
ଆଶ୍ରୟ ଲୋଡ଼ିଚି
ସେ କୋଳାଗ୍ରତ କରି ମୋତେ
ଜଡ଼େଇ ଧରିଚି
କେବେ ତାକୁ ଦେଖିଚି ମୁଁ
ଶିଶୁଆ ବନ୍ଧରୁ
କେବେ ପାଟକୁରା ଘାଟରୁ
ମହାନଦୀର ବିଶାଳ ଛାତରୁ
ଉଚ୍ଛୁଳୁଥିବା ନାରୀସମା ଚିତ୍ରୋତ୍ପଳା
ବାରମ୍ବାର ମୋତେ କରେ ଆତ୍ମହରା
ପବିତ୍ର ତିଥିରେ ମହାସ୍ନାନ ଏଠି ହୁଏ,
ପିତୃପୁରୁଷ ଉଦ୍ଦେଶ୍ୟେ
ତର୍ପଣ ଓ ଶ୍ରାଦ୍ଧଦାନ ହୁଏ ।

ବର୍ଷା-ବିପ୍ଳାତ କାଳରେ
ପ୍ରଖର ତା' ରୂପ ଭୟଙ୍କର
ଚିତ୍ର ଭଳି ଚିତ୍ରୋତ୍ପଳା
ଖର ତା'ର ସ୍ରୋତେ କରେ
ତଥାପି ବି ସେ ମୋହର
ଅତି ପ୍ରିୟ ନଦୀ
ତା' ସ୍ରୋତରେ ଆବକ୍ଷ ପ୍ରସାର କରି
ମୁଁ ଯେ ଲଭେ ଶାନ୍ତି।

ଚିତ୍ରୋତ୍ପଳା ପାଇଁ (୩)

କୁହତ ତ ହେ ଚିତ୍ରୋତ୍ପଳା !
ତମ ପାଇଁ କେମିତି ବା
ଭାବୁକ ହେବିନି
ବେଳ-ଅବେଳେ ତୁମକୁ
କାହିଁ ଝୁରିବିନି ?

ନଦୀ ମଧ୍ୟେ ତମେ ମୋର ପ୍ରିୟ ଯେ ସବୁଠୁ
ତମକୁ ଦେଖିଛି କେବେ
ନେମାଳ ବନ୍ଧରୁ ପୁଣି ପାଟକୁରା ଘାଟୁଁ !
ତମକୁ ଆଧାର କରି
କେତେ କେତେ କଥା-କିମ୍ବଦନ୍ତୀ
ଶୁଣିଚି ମୁଁ ମୋରି ବୋଉଠୁ !
ପୂତ ସ୍ନାନପୂର୍ଣ୍ଣିମୀରେ
ଅତି ପ୍ରାତଃକାଳୁ
ଈଶ୍ୱରଙ୍କ ରୂପ ନେଇ
କଳା ବସ୍ତରୀଟେ କାଳେ
ଲମ୍ଫ ଦିଏ ତମରି କୋଳରେ !
ତାକୁ ହିଁ ଦେଖିବା ପାଇଁ
କେତେକେତେ ଶ୍ରଦ୍ଧାଳୁଙ୍କ ଭିଡ଼ ଜମିଥାଏ ।

ପୁଣି ତମ ସ୍ନିଗ୍ଧ-ସ୍ୱଚ୍ଛ ଜଳେ
ପିତୃପୁରୁଷଙ୍କ ଛବି
ନିଛକ ଉକୁଟେ।
ଚିତ୍ରୋତ୍ପଳା !
ତମ ଦେହେ କେତେ ମୁଁ ଯେ
ପାଣିଖେଳ-ପହଁରା ଭରିଛି
ଉଛୁଳା ଭରା ଜଳରେ
ମୋ ବୋଉର ସେ ଛବିକୁ
ଆଜି ବି ମୁଁ ଖୋଜୁଛି - ଝୁରୁଛି।

ଚିତ୍ରୋତ୍ପଳା ପାଇଁ (୪)

ଚିତ୍ରୋତ୍ପଳା !
ତୁମକୁ ଦେଖିବାକ୍ଷଣି
ମନେ ଆଙ୍କି ହୋଇଯାଏ
ଅସୁମାରି ବ୍ୟଥା
ବୋଉଠାରୁ ଶୁଣିଚି ମୁଁ ତମ କୀର୍ତ୍ତି
ଅବସ୍ଥିତି-ଯୁଗୋତ୍ତୀର୍ଣ୍ଣ ପ୍ରାଚୀନତା କଥା ।

ତମ ଜଳଦାନ ପୁଣ୍ୟେ
ଏ ଜାତି ହୋଇଛି ସତେ
କେତେ ସୁସମୃଦ୍ଧ
ତମେ କେତେ ଶାନ୍ତ ପୁଣି କେତେ ମୁଖରିତ !
ଅଥଳ ଭଉଁରୀ ମଧ୍ୟେ ଅନାୟାସେ
ଉପକୂଳେ ରଚିଅଛ କରାଳ ତାଣ୍ଡବ,
ବିଲୀନ କରିଛ ତମେ
ପ୍ରାଣ ଶତ ଶତ !
ଉତ୍ତାଳ ତରଙ୍ଗ ଗର୍ଭେ ବିଭୀଷିକା ଭରି
ତମେ କି ଦେଖାଅ ତମ ସ୍ମିତହାସ ଛନ୍ଦ ?

ଚିତ୍ରୋତ୍ପଳା !
ନିମିଷକେ ନେଇପାର
ଅଗଣିତ ଜୀବନ-ଜୀବିକା
ଧ୍ୱଂସ ରଚିବା ପରେ ବି
ମାନବକୁ ଦେଇଅଛ
ବଞ୍ଚିବାର ମନ୍ତ୍ର ପୁଣି ଅଭିନବ ସୃଜନର ଦୀକ୍ଷା
ତୁମକୁ ଦେଖେ ମୁଁ ସଦା
ଓଁ କାରର ଶୁଦ୍ଧଧ୍ୱନି ମଧ୍ୟେ
ଭିଜିଚି ମୋ ମନ-ପ୍ରାଣ
ଉଚ୍ଛୁଳା ତରଙ୍ଗାୟିତ
ତମ ସେଇ ଜଳରାଶି ବକ୍ଷେ !

ଚିତ୍ରୋତ୍ପଳା ! ତମରି ପରଶ ମାତ୍ରେ
ତପ୍ତ ଜୁଇ ଶାନ୍ତ ହୁଏ
ଆତ୍ମା-ମୁକ୍ତି ଲଭେ
ପୁଣି ପାଏ ପରପାର ଗତି
ଚିତ୍ରୋତ୍ପଳା ! ତୁମେ ମୋର
ଆବେଗ ଓ ଦିବ୍ୟତାର ଅଭିନବ ଦ୍ୟୁତି !
ସଂସାରର ଗତିଚକ୍ର
ପ୍ରତିକ୍ଷଣ ବୁଲୁଥାଏ ଏଠି
ଏନ୍ତୁଡ଼ିଶାଳରୁ ଗତି
ମୁଠିଖଇ-କଉଡ଼ି ଓ ଛ'ଖଣ୍ଡ ସେ କାଠ କୋକେଇରେ
ମାନବର ସର୍ବଶେଷ ମୁକ୍ତି
ଚିରନ୍ତନ ଏ ସତ୍ୟକୁ ବୁଝି ମଧ୍ୟ ବୁଝିପାରେ ନାହିଁ
ଧନ-ମାନ-ଯଶ-ଶକ୍ତି କିଛି ରହେ ନାହିଁ
ମିଛ ମାୟା ଜାଲେ ପଡ଼ି ଧାଉଁଚି ମାନବ
ସମୟର ସବୁପରେ ଅଖଣ୍ଡ ପ୍ରଭାବ !

ଚିତ୍ରୋତ୍ପଳା !
ପିଲାଦିନୁ ଦେଖିଚି ମୁଁ
ବାଲି ଖେଳେ, ଯେତେ ସବୁ
ଅକର୍ମ-ଅଧର୍ମର ଯେ ଅନ୍ତିମ ବିଲୟ
କିଛି ରହେ ନାହିଁ
ମାନବର ଅହମିକା
ଯେତେସବୁ ଗର୍ବ-ଦମ୍ଭ-ତୃଷ୍ଣା
ସବୁକିଛି ଏଇଠାରେ ହୋଇଯାଏ କ୍ଷୟ
ଏକମାତ୍ର ରାମନାମ ସତ୍ୟ !
ସଦାକାଳ ହେବ ସେଇ ନାମର ହିଁ ଜୟ !

■

ଗାନ୍ଧୀ ନାମେ କେହି ଥିଲା

ମୁଁ ଯେବେ ପ୍ରଶ୍ନ କରେ ମୋ ନିଜକୁ ଅନେକଥର
ପ୍ରକୃତରେ ଗାନ୍ଧୀ ଭଳି
କେହି କ'ଣ କେବେ ହୋଇପାରେ ?
ଲାଠିଟେ ହାତରେ ଥିବ,
ନହକା ଦିହରେ
ସୂତା ତିଆରି ଚାଦରଟେ ଢାଙ୍କି
କେହି କ'ଣ ବିଶ୍ୱକୁ
ଆଲୋକ ଦେଖାଇପାରେ !
ଦିନ-ରାତି ଯେ
ଅହିଂସା-ଶାନ୍ତି-ମୈତ୍ରୀର
ବାର୍ତ୍ତା ଦେଉଥିବ -
ଫିରଙ୍ଗି ଶାସନ ହୃଦେ
ଖୋଲା ଦେହ ମେଲିଦେଇ
ଗୁଳି-ବାରୁଦ ଭୟକୁ
ସଦର୍ପରେ
ସାମ୍ନା କରୁଥିବ !
ସାଦା-ସିଧା ମଣିଷଟେ
ବିବାକ୍ ଢଙ୍ଗରେ
ଅହିଂସ-ସତ୍ୟାଗ୍ରହର

ନମନୀୟ ଧାରହୀନ ଅସ୍ତ୍ର ତୋଳି ଧରି
ବ୍ରିଟିଶ ଗଡ଼କୁ ଭାଙ୍ଗିଲା ।
ସତେ କ'ଣ ମଣିଷର ରୂପେ କେହି ଜଣେ
ଗାନ୍ଧୀ ନାମେ ସେପରି ଏ ଧରାରେ
ଜନ୍ମ ହୋଇଥିଲା ?

କପିଳାସ ସ୍ମୃତି

ସ୍ମୃତି ବୋଲି ତ
ସେ ଆଖିରେ ଅଞ୍ଜନ ବୋଳେ, ଆବେଗରେ ମୋ ଆତ୍ମାକୁ
ଜୀବନର ପ୍ରଭାତରୁ ନୂଆ ନୂଆ ଛନ୍ଦେ, ତୋଳି ଧରେ
ମୁକ୍ତିର ସାୟାହ୍ନ ଯାଏ।
ବୋଧେ ସେ ଆଙ୍କିବସେ
ଋତୁମାନଙ୍କର ଚିତ୍ରପଟ୍ଟ।
କେବେ ପୁଣି ଇଚ୍ଛାମାନଙ୍କୁ କରେ ସେ ଆକଟ।
ବୋଧେ ମୋତେ କୁହୁକ ଦେଖାଇ
ଲୁଚକାଳି ଖେଳେ!
ମୋ ମନରେ ସୋହାଗର
ଇନ୍ଦ୍ରଧନୁ ରଙ୍ଗ ବୋଳେ!
ସେଦିନ କପିଳାସର ନିଘଞ୍ଚ ଶିଖରେ
ଆକାଶରୁ ନିଗିଡ଼ି ପଡୁଥିବା
ନୀଳ ନୀଳ ବଉଦ ଘେରରୁ
ସତେ ଅବା ଖସୁଥିଲା ଏକ ନିଶୁଣି
ତା'ରି ସୋପାନ ଦେଇ
ଅସ୍ପଷ୍ଟ ଛାୟାଲୋକରୁ
ଅଲକ୍ତକ ପାଦ ଦୁଇକୁ ଯାହା
ଦୂରରୁ ଦେଖିଲି।

ମାତ୍ର କିଛି କ୍ଷଣର ସେ ମାଧୁର୍ଯ୍ୟ
ତା'ପରେ ସବୁ ଯେ ବିଲୀନ
ମୁଁ କିନ୍ତୁ ଏଯାବତ୍
ଅଛି ସେ କପିଳାସର
ରହସ୍ୟେ ତଲ୍ଲୀନ !

ମୁଁ ନିହାତି ଦୂବଟେ

ଅଭିମାନ ବୋଇଲେ 'ମୁଁ'ର ସ୍ଥିତି
ଯେ ସବୁବେଳେ
ନିଜ ଭାଗ ମାଗେ -
ଭାଗଚାଷୀ ପରି ଗୁମାନରେ
ଅବା ସୁଧଖୋର ମହାଜନ ପରି ଦମ୍ଭରେ।
ଯେ ଖୋଜୁଥାଏ ନିଜର ମହତ୍ତ୍ୱ
ଥାପୁଥାଏ ନିଜର ଅସ୍ତିତ୍ୱ!
'ମୁଁ'ଟି କେତେ ସୁନ୍ଦର!
କେତେ ଯେ ନିରୀହ!
ଈଶ୍ୱରଙ୍କ ପ୍ରିୟ
ଯେ ଈଶ୍ୱରଙ୍କ ପ୍ରତ୍ୟକ୍ଷ ଦୃଷ୍ଟିରେ ଥାଏ
ସେ କ'ଣ 'ମୁଁ'କୁ ଖୋଜିପାଏ?
ସେ ତ ନଇଁ ଯାଏ,
ହୃଦୟରୁ - ଆତ୍ମାରୁ
ସେ ତ ଥାଇ ବି ନଥାଏ
ପ୍ରତିଷ୍ଠାରେ-ସମ୍ମାନରେ!
'ମୁଁ'କୁ ଭଲପାଇ ଖୋଜୁଚି 'ମୁଁ'କୁ
ଅଦୃଶ୍ୟର ସତ୍ତା ସେ
ଯେବେ ପଚାରୁଚି 'ମୁଁ' କିଏ?
ଉତ୍ତର ଆସୁଛି
'ମୁଁ' ନିହାତି ଦୂବଟେ।

ମୁଁ ପାଷାଣ ନୁହେଁ

କଠୋର ଦିଶିଲେ କ'ଣ କେହି
ପାଷାଣ ବୋଲାଏ,
ଗମ୍ଭୀର କି ନିରବ ରହିଲେ କ'ଣ କେହି
ଅହଂକାରୀ ହୁଏ !
କଥା ଯେବେ ଜମାଟ ବାନ୍ଧନ୍ତି
ନିର୍ଦ୍ୱନ୍ଦ୍ୱରେ କାହା ପାଖେ
କହିବାକୁ ବାହାନା ଖୋଜନ୍ତି,
ଆଖି ପାଆନ୍ତାରେ ଯଦି
କେହି ମିଳନ୍ତିନି
କଥାସବୁ ଥାକଥାକ ହୋଇ
ଗୁହାରି କରନ୍ତି
ଲୁହରେ ହୋଇ ବହନ୍ତି -
ଅସହାୟତାର ଏହି ଯେତେ
କଥା ସବୁ ଚାପିଦେଲା ପରେ
ମୁଁ ନିରବି ଯାଏ
କହୁଚି ମୁଁ ଜମା ପାଷାଣ ନୁହେଁ।

ରାମକୃଷ୍ଣ ପରମହଂସ

ତମେ ସ୍ପର୍ଶ କଲେ
ପାଷାଣ ପିଣ୍ଡରେ ଖେଳେ
ଅୟୁତ ବିଜୁଳିର ସ୍ରୋତ,
ତମେ ଥରେ ଚାହିଁଦେଲେ
ଜଣେ ସହସ୍ର ଜନ୍ମର ପାପରୁ ମୁକ୍ତ
ତମେ ଶ୍ୱାସରୁଦ୍ଧ କରି
ସମାଧି ସାଧିଲେ
ଛୁଟେ ପୂତ - ଅମିୟ ବିଭୂତିର
ଧାର ଧାର ଦିବ୍ୟ-ଭକ୍ତି ତତ୍ତ୍ୱ
ତମରି ଆଶିଷ ସବ୍ୟସାଚୀ ଭଳି ମୁଁ ଯେ
ଅପାର୍ଥିବ ଜୀବନରେ
ତ୍ରିଗୁଣକୁ ଅତିକ୍ରମି
ସତ୍ତ୍ୱ ଗୁଣ ଶସ୍ତ୍ର ଯେ
କରୁଅଛି ସନ୍ଧାନ ସତତ !
ହଂସତୁଲ୍ୟ ଜାଗତିକ କ୍ଷୀର-ନୀର
ଗୁଣ-ଦୋଷ ମଧ୍ୟେ
ପରମଜ୍ଞାନର ତମେ ଦେଇଥିଲ ସତ୍ୟ
ହେ ରାମକୃଷ୍ଣ !
ଦିବ୍ୟ ତବ ଆଲୋକରେ
ନିତି ନିତି ହୁଏ ମୁଁ ଯେ ଶୁଦ୍ଧ-ଜୀବନ୍ମୁକ୍ତ ।

■

ଗୁରୁକୃପା

ଗରିମାର ପୂର୍ଣ୍ଣରୂପ ବୋଲି ସିନା
ତମେ ମୋର ଗୁରୁ
ହେ ନିଗମ ବାଞ୍ଛା କଳ୍ପତରୁ !
ସଂସାର ବିଷୟଚକ୍ରେ
ମଣିଷ ସନ୍ତପ୍ତ
ରାତି-ଦିନ ତମୋଗୁଣେ
ଏକାନ୍ତ ସଂଯୁକ୍ତ
ଜ୍ଞାନ-ଭକ୍ତି-ପ୍ରେମ ତୁମ
ଶ୍ରୀମୁଖର ତତ୍ତ୍ୱ
ଏ ସଂସାର ମାୟାଜାଲୁ ପଦ୍ମସମ
କର ମୋତେ ସଦା ଯେ ବିଯୁକ୍ତ -
ଦେହ-ଦାହ-ଅହଂ-ବୁଦ୍ଧି
ହେଉ ମୋ ନିଷ୍କ୍ରିୟ
ହେ ନିଗମ କଳ୍ପତରୁ
ଅକିଞ୍ଚନ ପ୍ରତି ହୁଅ
ଟିକେ ଦୟାମୟ ।
ହେ ଗୁରୁ ! ଜାଣେ ମୁଁ ଯେ ତମେ ମହାତପା
ଜନ୍ମେ ଜନ୍ମେ ବାଞ୍ଛୁଛି ମୁଁ
ଖାଲି ଗୁରୁକୃପା ।

ଅସ୍ତୁ ପାଇଁ ପଦେ

ହାତ ପାପୁଲିରେ
ପ୍ରଜାପତି କି ଗୁଣ୍ଡୁଚିମୂଷାଟେ
ଧରିବାର ଚେଷ୍ଟା ତୋର
ଅଳି କି ଅଝଟ ନାହିଁ
ଉଷୁମ କୋମଳ ପରଶ ଧାପେ
ସବୁବେଳେ ଲୋଡ଼ା ଥାଏ ତୋର !
ମାତ୍ର ମୁଁ ତ ଦେବାକୁ ଚାହେଁ
ଲକ୍ଷ ଲକ୍ଷ ହାତୀ-ଘୋଡ଼ା
ପଦାତିକ ସୈନ୍ୟ ଉପହାର
ଏକମାତ୍ର ତୋ ମୁହଁରେ
ଦେଖିବାକୁ ମିଠା ହସ ଧାର
ତୋ ପାଖେ ତୋ ସ୍ୱପ୍ନ ଅଛି
ମୋତେ କହିବାକୁ
ତୋ ପାଖେ ଅନେକ ଗପ ଅଛି,
ମୋ ପାଖେ ଶୁଣିବାକୁ
କିନ୍ତୁ ସମୟ ହିଁ ନାହିଁ।

ତୁ କିନ୍ତୁ କିଛି ଚାହୁଁ ନାହୁଁ,
ନ କହିଲେ ବି ମୁଁ ବୁଝେ
ହାତୀ-ଘୋଡ଼ା ଉପହାର ନୁହେଁ

ତୁ ଚାହୁଁ ମୋ ଉପସ୍ଥିତି
ଅରମା ଅନ୍ଧାରରେ ନିର୍ଭୟରେ ଧରିବାକୁ
ମୋର ଆଙ୍ଗୁଠି
ପାରି ହେବା ପାଇଁ ଜୀବନର
ସୁଦୀର୍ଘ ପରିଧି !

ମୋକ୍ଷ ଲୋଡ଼ା ନାହିଁ

ସଂସାରରେ ରହିବାକୁ କାଳେ
ସବୁବେଳେ ଦେବତାଙ୍କ ମନ
ଏଠି ଅଛି ମହୁ
ଅଛି ସୁନାର ଝରଣା
ଅଛି ମାୟାର ଭଉଁରୀ
ଅଛି ସ୍ୱର୍ଗର କାଉଁରୀ !
ଦେବତା ବି ଦେଖିଛନ୍ତି କାଳେ
ଏଠି ସୂର୍ଯ୍ୟ-ଚନ୍ଦ୍ର ବି ବର୍ଷାନ୍ତି ଉତ୍ତାପ ଓ ଜ୍ୟୋତ୍ସ୍ନା
ଏଠି ହିଂସ୍ର-ସରୀସୃପ ମଧ୍ୟ ତେଜିପାରେ ତା'ର ହିଂସ୍ରତା
ଏ ଧରାରେ ସ୍ୱପ୍ନ ଓ ଅମୃତ ବି ଅଛି
କାହା ଟଣା ଟଣା ଆଖିର ଆହ୍ୱାନ
କାହା ପଣତର
ଝାଳଭିଜା ମହକ
ଏଠି ଦିନ-ରାତି ଜୀବନର
ଜୀବନକୁ ପାଇବାର ଚେଷ୍ଟା !

ଏଠି ମୃତ୍ୟୁଲୋକ ଯିବା ପାଇଁ
କେହି ହେଲେ
ଇଚ୍ଛା କରେ ନାହିଁ
ମଧୁକ୍ଷରା ଧରା ଛାଡ଼ି
ପ୍ରିୟ ମଣିଷଙ୍କର ଯେତେ ସ୍ନେହ-ପ୍ରେମ ତ୍ୟାଗ କରି
ମୁଁ ଆଦୌ ଯିବି ନାହିଁ।
ମୋର ମୋକ୍ଷ ଲୋଡ଼ା ନାହିଁ।

ସ୍ମୃତି ଲିଭେନି

ସ୍ମୃତି ଲିଭେନି ବୋଲି ତ
ମରମ ଦହେ
ବେଳ-ଅବେଳରେ
ଧରା ଦିଏ
ଚିଡ଼ାଏ - ତତାଏ
କନ୍ଦାଏ - ହସାଏ
ଯେତେ ଚାହିଁଲେ ବି
ସେ ଏଇଠି କୋଉଠି ଥାଏ
ସେ ଆସିଲେ
ମୁଁ ଶୁଏନି
ତାକୁ ଯେତେ ଦୂରେଇ
ମନରୁ ପୋଛିଲେ ବି
ସ୍ମୃତି ଲିଭେନି !

ଏ ଜାତିର ଶହୀଦଗଣ

ହଜାର ହଜାର ବର୍ଷର ଶୋଷଣ
ଦହନ ନିପୀଡ଼ନ
ଫିରିଙ୍ଗିଙ୍କ ଗୁଳି-ବାରୁଦ-ବୋମା
ନିରୀହ ଶିଶୁ – ବୃଦ୍ଧ – ନାରୀ
ସର୍ବଦା ଜନତାର ବେକରେ ସମୟର ତରବାରୀ
ଯୁଗେ ଯୁଗେ ସଭ୍ୟତାର ଅନେକ ବଇରୀ,
ତଥାପି ଏ ଜାତି ମରିନି,
କେବେ ଜାତି
କେବେ ଭାଷା,
କେବେ ବାସସ୍ଥାନ
କେବେ ଭିଟାମାଟିକୁ ନେଇ
ସଂଘାତ-ସଂଘର୍ଷ
ତା'ପରେ ବି
ଅସୀମ ଧୈର୍ଯ୍ୟର ବିଭୂତିକୁ
ଏ ଜାତିର ବୀରପୁତ୍ରଗଣ
ଦେହ-ମନ-ଆତ୍ମାରେ
ବୋଲି ହୋଇ
ସେଥିରୁ ହିଁ ଶକ୍ତି ପାଇ
ସ୍ୱାର୍ଥ ଅପେକ୍ଷା ମୈତ୍ରୀକୁ
ବନ୍ଧନ ଅପେକ୍ଷା ମୁକ୍ତିକୁ

ଜଣକ ଅପେକ୍ଷା ଗଣକୁ
କରିଛନ୍ତି ବରଣ
ଏ ଜାତିର ମୁକ୍ତି ପାଇଁ
ଚିର କାଳ ଆନନ୍ଦରେ
ଏ ଜାତି ଶହୀଦଗଣ, ବରିଛନ୍ତି ମରଣ।

ସାରଳା ଦାସ

ଏବେ ପ୍ରଶ୍ନ ଉଠେ - ଯୁକ୍ତି ହୁଏ
ତମ ତତ୍ତ୍ୱଦର୍ଶୀ ଜ୍ଞାନକୁ ନେଇ
ତମେ କ'ଣ ସତରେ
ସିଦ୍ଧେଶ୍ୱର ନା ଅନ୍ୟ କେହି ସନ୍ଥ
ସତେ କ'ଣ ନିଶାର୍ଦ୍ଧରେ
ମା' ଶାରଳା ତମକୁ
ଦିଅନ୍ତି ବିତାଇ
ଚାଷୀ ସିଦ୍ଧେଶ୍ୱର ରାତାରାତି
ଯାଏ କବି ହୋଇ।
ଆଲୋଚକ ପଚାରନ୍ତି
ଜଣେ - ଜଣକୁ
ତମେ ଜଣେ ନା ଭିନ୍ନ ଭିନ୍ନ
କନକପୁର - ତେନ୍ତୁଳିପଦା
ଶାରୋଳ - ତିର୍ତ୍ତୋଳ ସ୍ଥାନମାନ
ତର୍କ ଭିତରକୁ
ଚାଲି ଆସନ୍ତି ଆପେ ଆପେ
କେବେ ତମେ ଗପ ପାଲଟିଯାଅ
କେବେ କିମ୍ବଦନ୍ତୀ
କେବେ ଚାଷୀ ପୁଣି କେବେ
ଦିବ୍ୟ ସାଧୁ-ସନ୍ଥ ଓ ମହାତ୍ମା !

ସାରଳା ଦାସ କି ସିଦ୍ଧେଶ୍ୱର ପରି ତା ଭାବରେ
ତମ ଚର୍ଚ୍ଚା ଯେବେ ହୁଏ
ମୁଁ ନିରବ ଥାଏ
ଶାରଳା ପୀଠ ଆଡ଼େ ଚାହିଁ
ମୁଗୁନି ସେ କଳାପଥର ମୂର୍ତ୍ତିର
ଆରମ୍ଭିକ ବିନ୍ଦୁ
ଖୋଜୁଥାଏ....
ଆଦିକବି !
ମୁଁ ତୁମ ଜନ୍ମ ସମୟ ଅପେକ୍ଷା
ଓଡ଼ିଆ ଭାଷା କୁକ୍ଷୀରେ
ତମ ଲେଖନୀ ସିଦ୍ଧ
ମାତୃଭକ୍ତିର ଦିବ୍ୟତା ସ୍ମରୁଥାଏ।
ଓଡ଼ିଶାର ଆଦିକବି ଭାବେ
ପ୍ରଣାମ ନିଅ ହେ ମହାତ୍ମା
ତମେ ଜାତି ହୃଦୟର ଆଶା ଓ ବିଶ୍ୱାସ
ସମର୍ଥ ହେ ଭାଷାରଥୀ
ମହାକବି ସାରଳା ଦାସ !

ବେଲୁନ୍ ବିକୁଥିବା ଝିଅ

ତା' କୁନି କୁନି ହାତରେ
ସୂତାରେ ବନ୍ଧା ନାଲି-ନେଳି କିଛି ବେଲୁନ୍, ପେଁକାଳି
ଚିରା ଫ୍ରକ୍ ତଳୁ
ଆଞ୍ଚୁଡ଼ି ହେଇପଡ଼ି
ଦିଶୁଥିବା କିଛି ନୀଳ ଦାଗ
ଝାମ୍ପୁରା - କହରିଆ କେଶ ତା'ର
କେଜାଣି କେତେଦିନୁ
ଖାଇନି
ମୁହଁଟି ଆହୁରି
ଶୁଖିଲା ଦିଶୁଚି !

ଟ୍ରାଫିକ୍ ପାଖରେ ମୁଁ ତାକୁ, ପାଖକୁ ଡାକିଲି
ସବୁତକ ପେଁକାଳି ଆଉ
ବେଲୁନ୍ କିଣିଲି
ତା' ହିସାବଠୁ
କିଛି ଅଧିକା ବି ଦେଲି ।
ମୁଁ ଭାବିଲି ଏଥର ସେ
ଫିକ୍‌କିନା ହସିଦେବ
ହୁଏତ ପେଟଭରି କିଛି ଖାଇବ ।

ମୁଁ କିଛି ଭାବିବା ଆଗରୁ
କୁଆଡ଼େ ଥିଲା ତା' ମାଆ
ତା' ହାତରୁ ଟଙ୍କା ଝାମ୍ପିନେଲା,
ଏଥର ଝିଅର ମୁହଁ
ପୂର୍ବାପେକ୍ଷା କାନ୍ଦୁରା ଦିଶିଲା !
ଯେବେ ବି ମୁଁ ସେଇ ବାଟେ ଯାଏ
ଚିରା ଫ୍ରକ୍ ଭିତରୁ ଦିଶୁଥାଏ ତା' ଦୁର୍ବଳ ଦିହ
ସବୁବେଳେ ଭୋକିଲା ଦିଶେ ବେଲୁନ୍ ବିକୁଥିବା ଝିଅ।

■

ତମେ

ସେଇ କ୍ଷଣିକ ଯା' ଦୂରରୁ
ଖୁବ୍ ଦୂରରୁ
ଦେଖିଥିଲି ତମକୁ
ଭୟମିଶ୍ରିତ ଅନୁରାଗରେ
କେବେ ମୋ ହୃଦୟର
ଖୁବ୍ ନିଭୃତରେ
ପୁଣି କେବେ
ସ୍ୱଜନ ମେଳରେ !
ଧୂମକେତୁ ଭଳି
ତମ ଆସିବା ଓ ଯିବା
ଏଇ ମାତ୍ର ଆଗମନ
ଏଇ ମାତ୍ର ଉଭାନ ।
ସିଏ 'ତମେ'
ଯାହାକୁ ମୁଁ ଏଯାବତ୍
ଖୋଜୁଥାଏ ଭ୍ରମେ ।

ଚାଷୀଭାଇ ମୋର

ଦିନ-ରାତି
ଶିରାଳ ଦେହରେ
ମେଞ୍ଚେ ହବ କଷଣ
ପାଗ ଦେଖି ବେଉଷଣ
ଚାଷ ଅମଳ ପରେ
ଖାଉନ୍ଦଙ୍କ ନାଲିଆଖି ଆଗେ
ସର୍ବସ୍ୱ କୁଢ଼େଇବାର ସେ ନିରୀହ ଶରଣ !
କିଏ ଦେବ ତା'ର ହିସାବ
ଚାଷୀଭାଇ ମୋର !
ତମେ ସବୁ ନ ଥିଲେ
କିଏ ଦେବ
ଅମାର ଭରି ସୁବର୍ଣ୍ଣ
ଶସ୍ୟର ଭଣ୍ଡାର ?

■

ମୋ ଓଡ଼ିଶା

ମୁଁ ଯାହା ବି ହେଇଚି
ତୋ ଛାତିର ଅମୃତ ପିଇ
ତୋ ହାତର ପରଶ ପାଇ
ତୋ କୋଳର ନିଘଞ୍ଚ ବନାନୀକୁ ଦେଖି,
ତୋ ପାଣି-ପବନ ପୁଣି
ସଭ୍ୟତାର ଭିଟାମାଟିକୁ ଆଉଜି।
ସବୁଜ-ଶ୍ୟାମଳ କ୍ଷେତ
ନଦୀ-ତୁଠ-ବଣ-କଣ୍ଟାମାଳ
ଘାସଫୁଲ-ଚନ୍ଦନର ବଣ
ବେଣାଚର-ଝୁଣା-ପିଆଶାଳ
ଏ ସବୁ କି ଅନ୍ୟ ଦେଶେ ଦିଶେ ?
ଏସବୁ ସାଇତା ଖାଲି ତୋରି ପଣତରେ
ତୋ କୋଳ ମୋ ପାଇଁ
ସର୍ବଶ୍ରେଷ୍ଠ ଆଶ୍ରା
ତୁ ହିଁ ଓଡ୍ର - ଉତ୍କଳ, କଳିଙ୍ଗ
ତୁ ମୋ ଓଡ଼ିଶା !

କଥା ଦିଅ ମନୁପୁତ୍ରଗଣ

ଆଜି ଆଉ ଭାଷଣ ଦେବାନି
ମନର ଶପଥ ସବୁକୁ
ସେଇ ଭିତରେ ଚାପି ରଖ
ମନରେ ହିଁ କଥା ଦିଅ –
ଏ ମାଟିର ଐତିହ୍ୟକୁ
ଏ ମାଟିର ଗର୍ବ-ଗୌରବକୁ
ସଂସ୍କାର-ସଂସ୍କୃତିକୁ
ଦେହ-ମନ-ଆତ୍ମାରେ ଧରିବ
ଓଡ଼ିଶାର ଭଲ-ମନ୍ଦ ଅବସ୍ଥାକୁ
ବୁଝିବ – ବୁଝାଇବ।

ଆଜିର ମୁହୂର୍ତ୍ତଟି ହିଁ ତ ଆମର
ଏ ମାଟିର ଦୀପ୍ତ ଗରିମାକୁ
ବିଶ୍ୱଦରବାରେ ଦିନେ
ପ୍ରତିଷ୍ଠା କରିବ
କଥା ଦିଅ ମନୁପୁତ୍ରଗଣ !
'ଆମ ହାତେ ଏ ଦେଶର ଭାଗ୍ୟ'
ଏ କଥାକୁ ମନେ ମନେ
କର ଉଚ୍ଚାରଣ !

ଏ ଜାତି ଖୋଜୁଛି ଗୋପବନ୍ଧୁଙ୍କୁ

ଉତ୍କଳର 'ମଣି' ପାଲଟିବା
ହାତଗଢ଼ା ସଂସାରକୁ ପଛରେ ପକେଇ
ସ୍ତ୍ରୀ-ପିଲାଛାଡ଼ି
ବିଶ୍ୱବନ୍ଧୁ ସାଜି
ନିଜ ଜୀବନକୁ ବିପନ୍ନ କରିବା
ସତରେ କ'ଣ ଏତେ ସହଜ ଥିଲା ?
ମୁଁ ପଢ଼ିଥିଲି କେଉଁଠି
ତମ ଦେହ ମାଟିରେ ମିଶୁ ବୋଲି
ତମ ହାଡ଼-ମାଂସର କୁଢ଼କୁ ଚକଟି
ତା' ଉପରେ ଯେ କେହି ବି
ମାଡ଼ିଚାଲୁ ବୋଲି ତମରି ସେ
ନିର୍ବିକାର ଡାକ ।
କେତେଜଣ ଏମିତି ପାରିବେ କହିଲ ?
ଏ ଜାତିର ଲଲାଟ ପଟଳେ
ତମେ ସହସ୍ର ସୂର୍ଯ୍ୟଙ୍କର ତେଜ
ତମ ପାଇଁ ସେବା-ତ୍ୟାଗ
ଜଗତ କଲ୍ୟାଣ ପାଇଁ
ନିଜକୁ ବିସ୍ମରି ଦେବା
ଥିଲା ତ ସହଜ ।

ଆଜିର ମାନବିକତାର ସଂକଟ କାଳରେ
ଦୀନ-ଦୁଃଖୀ-ଅସହାୟ ଝୁରୁଛି ତମକୁ
ଏ ଜାତି ଖୋଜୁଛି ତା' ଗୋପବନ୍ଧୁଙ୍କୁ !

ଅଭିମାନୀଟେ ମୁଁ

ନିଃସୀମ ଭଲପାଇବା
ଛାତିଏ ଆଲୋଡ଼ନ
ନିଜକୁ ନିଃଶେଷ କରି
ସବୁ ଦେବା ପରେ ବି
କାହା ଆଖି କୋଣରେ ଯଦି
ଝଲସେନି ଖୋଜିବାର ଭାବ
କୁହ ତ ଜଣେ
ଅଭିମାନ କରିବସିବନି ?
ମୁଁ କି ତମେ ହୁଅ କି ଯେ କେହି
ଆମ ପାଇଁ କ'ଣ ପ୍ରକୃତରେ
ଲୋଡ଼ା ଥାଏ
ଅମାପ ଐଶ୍ୱର୍ଯ୍ୟ
ନା ସଂସାରର ଯାବତୀୟ ପ୍ରଲୋଭନ
କେବଳ ଯାହା
ଖୋଜା-ଲୋଡ଼ା
ସସ୍ନେହ ପରଶ
କେହି ମୋତେ ବୁଝୁ କି ନ ବୁଝୁ
ଏ ସବୁରେ
ଭାରି ଅଭିମାନୀଟେ ମୁଁ।

ପ୍ରାରବ୍ଧର ଭୋଗ

କଷ୍ଟ ସହିଚି
ଉପାସ ରହିଚି
କେତେ କାନ୍ଦିଛି - ଗାଳି ଶୁଣିଛି
ତଥାପି ମୁଁ ଉଠିଛି,
କିଏ ମୋତେ ଆଉଁଶିକି
ଟେକିଧରେ
ମୋ ଲୁହକୁ ବରଫ କରିଦିଏ
ମୋ ହୃଦକୁ ଲୁହାପରି ଶକ୍ତ କରିଦିଏ।
ସମୟାନ୍ତରେ
ଆଜି ମୁଁ ବୁଝିଛି ଯେତିକି
ମଣିଷ ଯୋଜନାରେ
ଚାଲେ ନାହିଁ
ଜୀବନର ନୀତି
ଆମକୁ ଆମ କର୍ମକୁ ହିଁ
ଶ୍ରେୟ ଦେବାକୁ ହେବ -
ତା'ପରେ ଯାହା ରହେ
ତାହା ଥାଏ ପ୍ରାରବ୍ଧର ଭୋଗ।

ଇହଲୋକ - ପରଲୋକ

ଆମ କର୍ମ - ଆମ ଧର୍ମ
ଆମ ଆଚରଣ ଆମ ଉଚ୍ଚାରଣ
ଏ ହାତର ପାପ - ପୁଣ୍ୟ
ସବୁର ହିସାବ ଏଇଠି ହିଁ ହୁଏ,
ତମେ ଆଖି ବନ୍ଦ କରି
ସଂସାରକୁ ଫାଙ୍କିଦେଇ
ଯାହା କରୁଚ କର
ମନା ନାହିଁ, ଏଠି ଅଲଗା ହିଁ ଜୀବନର
ହିସାବ ନିକାଶ
ଜନ୍ମ - ପରଜନ୍ମ ପରେ
ଭୋଗିବାକୁ ଥାଏ ଶତ ଦୁଃଖ ଆଉ ଶୋକ
ଏ ବର୍ତ୍ତମାନରେ
ଭୋଗିବାକୁ ହେବ ଯେ ଆମକୁ
କର୍ମର ଫଳ ଯେ ଶତେକ
ସେ ପରା ଆବୋରିଥାଏ
ଇହଲୋକ - ପରଲୋକ।

ଗୋମାତା

କାମନାର ପ୍ରତିଟି ବାଞ୍ଛାକୁ
ପୂରଣ କରେ ବୋଲି
ତାକୁ କାମଧେନୁ କହୁ
ପୁଣି କହୁ ମାତା !
ତା'ଠାରେ ତେତିଶ କୋଟି ଦିବ୍ୟତା
ଦୈବୀ ସତ୍ତା
ସେ ଆମ ସଂସ୍କୃତିର
ସ୍ୱର୍ଗୀୟ ସତ୍ତା
ଗୋ-ମାତା
ପୃଥୁରାଜାଙ୍କୁ ନିଜର ଦୋହନ ପାଇଁ
ନିର୍ବିକାରେ
ଆହ୍ୱାନ କରିଥିବା
ବେଦମାତା
ଗୋ-ମାତା ।

■

ଜୀବେ ଦୟା

ନିରୀହ ଆଖିରେ
ଏଇ ମାତ୍ର
ମା' କୋଳରୁ
ତାକୁ ଭିଡ଼ିଆଣି
ନିର୍ମମ ଛୁରୀକାଘାତେ
ତା' ଗଳା, ଗୋଡ଼ ଅବା ପକ୍ଷକୁ
ଛେଦି ଦିଆଯିବ
ଯଦିଓ ସାମାନ୍ୟ
ଛୁଞ୍ଚିଟିଏର ପରଶ ମାତ୍ରକେ
ବିନ୍ଦୁଏ ରକତ ଦେଖି
ଯନ୍ତ୍ରଣାକ୍ତ ହେଉ।
ଥରେ ଭାବ ତ
ସେ ସବୁ ଆମ ଦେହ ହେଇଥାନ୍ତା ଯଦି
ସବୁ ପଶୁ-ଜୀବ-ଜନ୍ତୁରେ
ଆମେ ଥାନ୍ତେ ଯଦି
ତମେ କ'ଣ ହୋଇଥାନ୍ତ
ଏଭଳି କଠୋର ?
ମନେ ରଖ ଏ ଦେହଟି
ଅଟେ ବ୍ରହ୍ମକାୟା
କର ଜୀବେ ଦୟା !

■

ଗଣତନ୍ତ୍ର

ଯାହା ସମସ୍ତେ ଚାହିଁବେ
ଯାହା ପାଇଁ ତାଙ୍କ ହୃଦେ
ଥାନଟେ ଥାପିବେ
ଜଗତର ଭଲପାଇଁ
ତାକୁ ଆଣି ଯଥାସ୍ଥାନେ
ସ୍ଥାନିତ କରିବେ
ସେମାନଙ୍କ ମତ
କାଳେ କାଳେ ମହତ
ଜନତାର ସ୍ତୋତ୍ର
ତାହା ଗଣତନ୍ତ୍ର ।

ରାଜତନ୍ତ୍ର

ଘରର ଆତ୍ମୀୟଙ୍କ ଭଳି
କେବେ ପୁଅ-ଝିଅ
ଭାଇ-ବନ୍ଧୁ ଭଳି
ଦିଶୁଥିବ ସେମାନଙ୍କ ମୁହଁ
ଗାଦିରେ ବସିଥିଲେ ବି
ଅନାସକ୍ତ ହୋଇ ଯେବେ
ସମଗ୍ର ଜଗତ ପାଇଁ
ରାଜାଟିଏ ସମର୍ପିତ ହେବ
ସମର୍ଥ ହାତଟି ଯା'ର
ବିନାଶ କରିବ ପରତନ୍ତ୍ର
ସେ ପ୍ରକୃତ ରାଜନେତା
କର୍ମ ତା'ର ଶୁଦ୍ଧ ରାଜତନ୍ତ୍ର ।

■

ଅଦୃଶ୍ୟ ଇଙ୍ଗିତ

ସେଇ ତମେ ଥିଲ ବୋଲି ତ
ଆଜି ମୋ ଶରୀରେ ଶକ୍ତି
ମୋ ମନରେ ତୃପ୍ତି ।
ଏ ପଦ - ପଦବୀ
ଯେବେ ବି ଝୁଣ୍ଟିଚି
ଯେବେ ବି ମୁଁ ନିଃସଙ୍ଗ ଭାବିଚି
ସବୁବେଳେ ତମେ
କେଉଁଠି ଯେ ଥାଅ
ଅଜାଣତେ କ୍ଷଣିକରେ
ଦୁଃଖ ନେଇ ଯାଅ ।
ତମକୁ ମୁଁ ସ୍ୱଚକ୍ଷୁରେ ଦେଖେ ନାହିଁ ସତ
ହେଲେ
ପ୍ରତିକ୍ଷଣେ
ଅନୁଭବ କରୁଥାଏ ତମରି ସେ
ଅଦୃଶ୍ୟ ଇଙ୍ଗିତ ।

ସମୁଦ୍ରେ ପ୍ରେମ ମୋର

ତମେ ମୋ ବର୍ତ୍ତମାନରେ ନଥାଇପାର
କିନ୍ତୁ ଅଦୃଶ୍ୟରେ ତ ନିଶ୍ଚୟ ଅଛ
ତମେ ଅଛ
ମୋ ଆଖିରେ
ଯେବେ ମୁଁ ଦୂରନ୍ତ ସେ ନୀଳ ଆକାଶରେ
ପକ୍ଷ ପ୍ରସାରୁଥିବା
କୁନି ଚଢ଼େଇଙ୍କୁ ଦେଖେ
ସେତେବେଳେ ତମେ ଥାଅ ସେଇଠି
ମଗୁଶିର ସକାଳର କୁହୁଡ଼ି ଭିତରେ
ଯେବେ ମୋ ହୃଦ ଓ ଆତ୍ମାକୁ
ଘାରିବସେ ଚମ୍ପା କି କନିଅରର
ଭୁରୁଭୁରୁ ଗନ୍ଧ
ମୋତେ ଲାଗେ ତମେ ସେଇଠି ଅଛ
ସଂଜ ବୁଡ଼ିଲେ
ମୋ ଭାରୀ ଆଖିପତା ତଳେ
ଦି' ବୁନ୍ଦା ଲୁହ ଜକେଇଲେ
ମନେହୁଏ
ତମେ ଅଦୃଶ୍ୟରେ
ମୋ ପାଖରେ ବସିଛ

ରୁହ ଦୂରେ ଆସ ନାହିଁ
ଅଜ୍ଞାତରେ କିନ୍ତୁ
ପ୍ରତିକ୍ଷଣେ ନଥାଇ ବି
ଶୁଣୁଥାଏ ତମ କଣ୍ଠସ୍ୱର
ବୁଝିବା ଦରକାର ବି କ'ଣ
ଖାଲି ତମ ପାଇଁ ଥିବା
ସମୁଦ୍ରେ ପ୍ରେମ ମୋର !

ସବ୍ୟସାଚୀର ଶଙ୍ଖ

କିଏ କ'ଣ ଜାଣିଥାଏ
ବର୍ତ୍ତମାନ ଯେତେସବୁ ନିଧାର୍ଯ୍ୟ ଘଟଣା
ଦରକାର ହେଲେ ସଂପୂର୍ଣ୍ଣ ବଦଳେ ?
କିଏ କ'ଣ ଜାଣିଥାଏ
ଜଡ଼ଭରତ ଋଷି ଭଳି
ସାଧାରଣ ମଣିଷ ବି ଆତ୍ମତତ୍ତ୍ୱ ଜ୍ଞାନୀ ହୋଇପାରେ ?

ମଣିଷ ନିମିତ୍ତ ମାତ୍ର
ସବୁର ଊର୍ଦ୍ଧ୍ୱରେ ଅଛି ଏକ ତତ୍ତ୍ୱ
ଯେ ମୁହୂର୍ତ୍ତକେ
ବଦଳେଇ ପାରେ
ଚଣ୍ଡାଶୋକକୁ ଧର୍ମାଶୋକରେ
ରତ୍ନାକରକୁ ବାଲ୍ମୀକିରେ !
ସେ ହିଁ ଦେଇପାରେ
ପରମ ଶାନ୍ତି ଆଉ ମୁକ୍ତି
ଉଭୟ ହସ୍ତରେ ଭରିପାରେ ଶକ୍ତି
ସବ୍ୟସାଚୀ ସାଜି
ଯେ କେହି ବି କରିପାରେ
ଦୁର୍ଲ୍ଲଭ ବାଣ ଆଉ ଶରର ସନ୍ଧାନ

ଅଦୃଷ୍ଟ ସେ ଈଶ୍ୱର
ତାଙ୍କ ପାଦେ ଅର୍ପୁଚି ମୋ
ହୃଦୟ-ଅନୁଭବର
ଯେତେସବୁ ‘ର୍ଦ୍ଧ
ଏସବୁ ମୋର ନୁହେଁ
ପାଖେ କର୍ମ
ପାଖେ ସାଧନା ପର୍ବ
ଏ ଦ୍ୱିବିଧ ପ୍ରତ୍ୟୟ ତୋଳିଛି
ବିନ୍ଦୁ ବିନ୍ଦୁ ଭାବ
ରୂପ ନେଇ ଝରିପଡ଼ିଛି
ସବ୍ୟସାଚୀର ଶବ୍ଦ !

■

ଅକବିର କବିତା

ଭାବନା ଉପରେ
ପ୍ରେମ ଉପରେ
କ୍ରୋଧ ଆଉ ଘୃଣା ଉପରେ
ଅଧିକାର ଥାଏ କ'ଣ କା'ର ?
ସେ ତ ମାନବ ପ୍ରବୃତ୍ତିର
ଅନ୍ତଃସ୍ୱର
ଦୁଃଖ ଥରେ ଯଦି ମନକୁ ଆବୋରେ
ଅସମ୍ଭବ ବେଦନାରେ
ମଣିଷଟେ ମୁହୁର୍ମୁହୁଃ ଜଳେ
ପ୍ରେମ ବି ଯଦି କେବେ
ହୃଦୟକୁ ଅକ୍ତିଆର କରେ
ହୃଦ-ମନ-ଅନ୍ତରକୁ
ଗ୍ରାସେ ଧୀରେ ଧୀରେ
ଦୁଃଖ-ପ୍ରେମ, ଘୃଣା-କ୍ରୋଧ
ଏସବୁ ତ ମଣିଷର ଜୀବନର କଥା
ସେଇସବୁ ଅନୁଭବ ନେଇ
ବଞ୍ଚିରହେ ମୋ ଭଳି
ଅକବିର କବିତା ।

ଜଡ଼ଭରତ

ଅପମାନ ସହି ନଥିବା
ମଣିଷ କି
ବଞ୍ଚିବାକୁ
ଚାଲିବାକୁ
ହାରି ହାରି ଜିତିବାକୁ
ହୁଏ କି ସମର୍ଥ ?
ଲୁହର ଠିକଣା ଜାଣି ନଥିବା
କବି କ'ଣ କେବେ
ଲେଖିପାରେ
କା' ଆତ୍ମାର କଥାକୁ
କା' ବିରହକୁ
ଜାତିର ବ୍ୟଥାକୁ ?
ଅପମାନ – ଲୁହ
କ୍ଷୋଭ – ମୋହ
ଏ ସବୁ ମଣିଷର
ପାଶେ ଥାଏ ନିୟତ !
ଏସବୁ ଯେ ଅତ୍ୟନ୍ତ ଅବ୍ୟକ୍ତ
ଏସବୁକୁ ନେଇ ମଣିଷର ଆତ୍ମା ସଦା ଯୁଦ୍ଧରତ
କେବେ ଜଣେ ଅଧେ
ଅବା କେତେ ଜଣ ବିଶିଷ୍ଟ
ମୋ ନାଁ ବି ଦେଇଥିଲେ ଜଡ଼ଭରତ !

ସର୍ବେ ଭବନ୍ତୁ ସୁଖୀନଃ

ଆମେ ଅଭ୍ୟାସ କରୁ
ପ୍ରାର୍ଥନା କରିବାକୁ
ଏ ଜଗତ ସଦା ଭଲ ରହୁ
ପ୍ରତି ଜୀବଜନ୍ତୁ
ନିରାମୟ ଜୀବନ ବଞ୍ଚନ୍ତୁ,
କିନ୍ତୁ ଆମ ହୃଦୟେ
ବିରୋଧାଭାସ ବି ତ ଥାଏ !
ଯାହା କହୁ
ଆମେ କ'ଣ ତାହା ସବୁ କରୁ ?
ସମସ୍ତଙ୍କ ତରଫରୁ ମୁଁ କ୍ଷମା ମାଗୁଛି
ଆମେ ଆଖିବୁଜି - ଲୁଚେଇକି
କରିଛେ ଯେତେ ଯେତେ ଦ୍ରୋହ
ହେ ଈଶ୍ୱର
ଅତ୍ରା ଗଛ
ଇହ ତିଷ୍ଠ
ସର୍ବେ ଭବନ୍ତୁ ସୁଖୀନଃ ।

ହେ ବିଜୁବାବୁ

ତମ ଆଶିଷ ମୁଦ୍ରାରେ
ମୁଁ ପାଇଛି
ସହସ୍ର ପିତାଙ୍କ ଆଶୀର୍ବାଦ
ତମ ଆନ୍ତରିକତାରେ
ମୁଁ ପାଇଛି
କୋଟି ଜନ୍ମ ପୁଣ୍ୟର ଫଳାଫଳ
କଳିଙ୍ଗର ଭୂମିପୁତ୍ର ଖାଲି ନୁହେଁ
ଏ ଜାତି ପ୍ରଗତି କ୍ଷେତ୍ରେ
ତମରି ତ
ଅବଦାନ ସବୁ
ସାଷ୍ଟାଙ୍ଗ ପ୍ରଣାମ ମୋର
ଘେନ ବିଜୁବାବୁ !

ଅନୁଭବର ଅବସୋସ

ଅନୁଭବ କେବେ କ'ଣ ମରିପାରେ
ଅଜାଣତେ
ଶୁଷ୍କ ହୃଦୟରେ ସେ ତ
ଲୁକ୍‌କାୟିତ ଥାଏ
ହୁଏତ ସେ ଖୋଜୁଥାଏ
ପରଶମଣି ଅବା ସ୍ପର୍ଶାତୁର ନରମ ଚାହାଣୀ
କାହା ହାତ-କାଉଁରୀର ସ୍ପର୍ଶ
ଅନାବିଳ ପ୍ରେମ ଅବା ଆବେଗ ଆଉଁଶା
ସୂକ୍ଷ୍ମ ପୁଲକିତ କେଉଁ ତପସ୍ୱୀର
ଯୋଗ-ବିଯୋଗର
ପୁଣି ତ୍ୟାଗ-ବିରହର
ବିଞ୍ଛି ହୋଇ ପଡ଼ିଥାଏ
କେତେକେତେ
ଉପଲବ୍ଧି ପୁଣି ଅବଶେଷ
ପ୍ରତି ଅନୁଭବ ନେଇ
ଆତ୍ମା ଯେ ଗୁମୁରୁ ଥାଏ
ଉନ୍ମୁକ୍ତ କରିବାକୁ
ଅବଶେଷ ଯେତେ ଅବସୋସ ।

■

କଲାମ୍ କେବଳ ଥରେ ଆସନ୍ତି !

ଏଠି ପୃଥିବୀ ଘୂରିବା ଭଳି
ଜୀବନର ମୂଲ୍ୟବୋଧ
ବଦଳି ଚାଲିଥାଏ ।
ନୀତି - ବାଣୀ
ପରାମର୍ଶ - ଉପଦେଶ
ସବୁ ଚାଲିଥାଏ ।
ଆମ ଭିତରୁ କେତେ ଜଣ ବାହାରିବେ
ଯେ କହିବେ
ଆମେ ଗୀତା ପଢ଼ି
ଆଚରଣ କରୁ
ମହାପୁରୁଷଙ୍କ ଭଳି
ଶରୀର ଓ ଚିନ୍ତନରେ,
ମନ ଏବଂ ମନନରେ
ଜୀବ ଓ ଏ ଜଗତର କଲ୍ୟାଣ ବି କରୁ ।
ଉତ୍ତର ଦେବାକୁ ଧନ୍ଦି ହେଉଛେ ନା ?
ଦ୍ୱନ୍ଦ୍ୱରେ ଅଛେ ନା ?
ମନେରଖ ବନ୍ଧୁ
ଯୁଗପୁରୁଷମାନେ କେବେ ସାଧାରଣ ନୁହନ୍ତି
ଏହି ଭୂପୃଷ୍ଠ ପରେ
କଲାମ୍ କେବଳ
ଥରଟିଏ ଆସନ୍ତି ।

ସତ୍ୟନଗର

ଯାହା ଆଖି ଆଗେ ଥାଏ ତା' ହିଁ ବାସ୍ତବ
ତାକୁ ଆମେ 'ସତ୍ୟ' କହୁ
ଏଇ ଦେଖ
ସତ୍ୟନଗରର ଗଡ଼ାଣି ଆଡ଼କୁ
ନିଛକ ଜୀବନର ଶେଷଦୃଶ୍ୟ
ଯା' ଭିତରେ ହୁତୁହୁତୁ ଜଳୁଥାଏ
ତମାମ୍ ଜୀବନର ଉପଲବ୍ଧି
ତାକୁ ହରାଇଥିବା
ପ୍ରିୟ ପରିଜନଙ୍କ ଆଖିରୁ
ସବୁଦିନ ପାଇଁ ଚାଲିଯାଇଥିବା
ଆତ୍ମା ପାଇଁ ଅସରା ଲୁହର ସ୍ରୋତ
ଚାରିଆଡ଼େ ପଡ଼ିଥିବା
ଖଇ-କଉଡ଼ି-ପଇସା
'ରାମ୍-ନାମ୍ ସତ୍ୟ ହେ'ର ହୁରି !
ତା' ଆରପଟକୁ
ରାସ୍ତା ଉପରେ ତେଲିଙ୍ଗି ବାଇଦର ଶବ୍ଦ ଓ ଗହଳି
ବୋଧହୁଏ ବରବେଶେ ଯାଉଥିବ କା' ରୋଶଣୀ
ମୁଁ ଅନୁଭବେ
କନ୍ୟାଦାନ କରୁଥିବା
ଅସହାୟ ପିତାର କରୁଣ ଚାହାଣି

ଦକ୍ଷିଣ ପାର୍ଶ୍ୱେ ବରଦାୟିନୀ
ଖର୍ପରଧାରିଣୀ କାଳୀଙ୍କର
କ୍ରୋଧାନ୍ୱିତ ରୂପରେ ବି
ଅଭୟର ସ୍ମିତ ହାସ ଝରେ
ଅପର ପାର୍ଶ୍ୱରେ କବି ସୀତାକାନ୍ତଙ୍କର
ଶ୍ରଦ୍ଧା ନିବାସରୁ
କବିତା ଶବ୍ଦ ମୋତେ ଶୁଭେ !
ଏ ସବୁର ପରିଧି ଭିତରେ
ମୁଁ ଦେଖେ
ଜୀବନରୁ ମୃତ୍ୟୁ ଯାଏର କାହାଣୀ
ଏ ମାନବ ସତେ,
କାହିଁ ତୋଳେ ସୌଧ ?
କାହିଁ ଭାବେ ନିଜକୁ ଈଶ୍ୱର ?
କାହିଁ କରେ ଠକାମିର ବାହାନା ?
ଚାଲିଯିବା - ଆସିବାର
ଏ ଜୀବନ ଉପତ୍ୟକାଟିର
ସର୍ବଶେଷ ସତ୍ୟ
ସତ୍ୟନଗର ଶ୍ମଶାନ ଠିକଣା ।

BLACK EAGLE BOOKS

www.blackeaglebooks.org
info@blackeaglebooks.org

Black Eagle Books, an independent publisher, was founded as a nonprofit organization in April, 2019. It is our mission to connect and engage the Indian diaspora and the world at large with the best of works of world literature published on a collaborative platform, with special emphasis on foregrounding Contemporary Classics and New Writing.

www.ingramcontent.com/pod-product-compliance
Lightning Source LLC
Chambersburg PA
CBHW060621080526
44585CB00013B/924
* 9 7 8 1 6 4 5 6 0 5 1 7 1 *